PINNEKEN UND
PIESELOTTEN

MATTHIAS E. BORNER

PINNEKEN UND PIESELOTTEN

Herausgeber: Matthias E. Borner,
© Verlagsunion Vox Rindvieh,
Gütersloh, allererste Auflage 2010
ISBN 978-3-00-031795-8

**Layout, Satz, Cartoons,
Covergestaltung:** Jo Pelle Küker-Bünermann

Inhaltliche Beratung: Katharina und Antonius Linnemann,
Grit Kästing, Ute Schöttler

Druck und Bindung: Westfalia Druck, Paderborn

Logistik: Runge Verlagsauslieferung, Steinhagen

Internet: www.woerterbuch-paderborn.de

Kontakt: matthias.borner@woerterbuch-paderborn.de

Liebe Neubürger!

Haben Sie manchmal das Gefühl, alle Bürger in und um Paderborn seien stur, wortkarg und Fremden gegenüber reserviert? Dann habe ich eine gute und eine schlechte Nachricht für Sie.

Die gute: Es gibt mehrere Strategien, wie Sie die Einheimischen aus der Reserve locken und selbst den redescheusten Muffelkopp zu einer Unterhaltung animieren können.

Die schlechte: Keine funktioniert.

Inhalt

Lieber Leser, schön, dass Sie Ostwestfälisch lernen wollen! Offensichtlich sind Sie gerade in den Kreis Paderborn gezogen oder planen, Ihren Lebensmittelpunkt ins Hochstift zu verlagern. In jedem Fall möchten Sie sich möglichst schnell einleben. Nun gelten Ostwestfalen vielerorts als maulfaule, kontaktscheue Sonderlinge, die den Mund nur zur Aufnahme von Erbsensuppe, Pumpernickel und Klarem aufmachen. Ob die Rheinländer, die uns seit je den militärischen Erfolg gegen die Römer neiden, dieses verleumderische Gerücht in die Welt gesetzt haben, oder ob ein Übersetzungsfehler in Cäsars „bellum gallicum" zu dieser Unterstellung geführt hat – wie immer dieses böse Vorurteil auch entstanden sein mag, in jedem Fall trifft es in vollem Umfang zu.

Trotzdem werden Sie als Neubürger des Kreises nicht umhinkommen, früher oder später mit Einheimischen zu kommunizieren. Doch schon wartet die nächste Falle! Die Paderborner Sprache weist nämlich eine Fülle spezieller Ausdrücke auf, die vielleicht noch innerhalb Ostwestfalens, doch bestimmt nicht mehr von gebürtigen Bayern, Badensern und Brandenburgern verstanden werden. Bislang wurden Zugereiste mit solchen Begrifflichkeiten allzu plötzlich im Alltag konfrontiert. Das will dieses Buch ändern. Es möchte alle Interessierten behutsam in die Paderborner Alltagssprache einführen.

Um Verwechslungen zu vermeiden: Es geht hier nicht um ein Wörterbuch „Plattdeutsch", schließlich spricht wohl kaum noch jemand in und um Paderborn umgangssprachlich Platt. Vielmehr geht es um einzelne Begriffe, die sich im

Paderborner Land in die hochdeutsche Sprache „eingemogelt" haben, aber nicht im Duden zu finden sind.

Eben weil die Begriffe in keinem offiziellen Wörterbuch nachzuschlagen sind, mag es sein, dass die hier vorgestellten Begriffe nicht überall gleich ausgesprochen oder gar geschrieben werden. Sprache variiert nicht nur von Region zu Region, sondern manchmal auch von Dorf zu Dorf oder gar von Stadtteil zu Stadtteil. Der eine schimpft einen langsamen Menschen als „dramelig", der andere als „drämelig", ein dritter als „drömmelig" – alle drei Ausdrücke sind gebräuchlich, ein „Falsch" oder „Richtig" gibt es nicht. Dies nur als Anmerkung für alle gebürtigen Paderborner, die die hier vorgestellten Begriffe in anderer Form gebrauchen.

Wenn Sie sich als Neubürger des Kreises tatsächlich integrieren wollen, empfehlen sich also folgende Schritte:

1. Studieren Sie dieses Büchlein gründlich und lernen Sie die darin enthaltenen Vokabeln gewissenhaft auswendig.

2. Werden Sie Mitglied in einem Verein. Die Auswahl ist groß; sobald auch nur ein Nachbarhaus in Sichweite ist, gründet der Paderborner einen Schützenverein, eine Freiwillige Feuerwehr, einen Bund der Geflügelfreunde, eine Veteranen-Kameradschaft sowie einen Landjugendverband für die Kinder, einen Landfrauenverband für die Frauen und einen Schalke-Fanclub für die Männer. Treten Sie irgendwo ein, das Vereinsziel ist ohnehin zweitrangig; wichtig sind vielmehr die Vereinsfeiern und in diesem Zusammenhang, dass Ihnen von Bratwurst und Paderborner Pilsener nicht sofort schlecht wird.

3. Zeigen Sie schließlich auf dem nächsten Vereinsfest, was Sie gelernt haben und sagen Sie – na, was? Die auswendig gelernten Vokabeln? Natürlich nicht!!! Sie haben schon jetzt, im denkbar frühesten Stadium, Punkt 1 nicht befolgt! Würden Sie das Buch tatsächlich gründlich lesen, hätten Sie mitgekriegt, dass der Ostwestfale prinzipiell erstmal *nichts* sagt. Setzen Sie sich also schweigsam in eine Ecke des Schützenzeltes – und schon werden Sie für einen waschechten Paderborner Muffelkopp gehalten. Gratulation!

Und in Wirklichkeit: In und um Paderborn lässt es sich ganz prima leben. Die Menschen hier sind genauso aufgeschlossen und reserviert, gastfreundlich und abweisend, fröhlich und übellaunig, kurz: so grundverschieden wie anderenorts auch. Und das Beste: Mit diesem Buch können Sie sich sogar mit ihnen unterhalten!

Viel Spaß beim Lernen wünscht Ihnen

Matthias E. Borner

Blag, das

Bedeutung: *nervender Nachwuchs*

Anwendungsbeispiel: „Mögen Sie Kinder auch so gerne wie ich? Kinder machen einem ja soo viel Freude!" – „Aber nua, bis sie wach weaden. Danach hat man wieder nua Brast mit den Blagen."

Kinder sind ein Trost im Alter und ein Mittel, es schneller zu erreichen – zumindest in ihrer Eigenschaft als „Blagen". Ob Eltern ihren Nachwuchs als Kinder oder als Blagen bezeichnen, ist situationsabhängig; oft ändert sich die Wahl des Ausdrucks wie die Laune der Erwachsenen binnen weniger Augenblicke.

Ein Beispiel: Die lieben Kleinen, die so putzig ihre Papierschiffchen in einer Regenpfütze schwimmen lassen, sind

Kinder. Dieselben Dreikäsehochs und Kiekinnewelts, die anschließend mit ihren zugemotschten Gummistiefeln über den Perserteppich tapern, sind Blagen.

Für Auswärtige ist die korrekte Verwendung des Wortes also gar nicht so einfach, denn zunächst muss man dazu die oft befindlichkeitsabhängige Toleranzschwelle Paderborner Eltern erkennen und beurteilen können. Wenn Sie als zugezogener Neubürger damit noch Schwierigkeiten haben, trösten Sie sich: Auch die einheimischen Kinder tun sich meist schwer damit.

Vielleicht hilft folgender Sinnspruch, um die beiden Begriffe voneinander abzugrenzen: „Ein Kind ist ein Engel, dessen Flügel im gleichen Maße schrumpfen, wie die Füße wachsen." Sind die Füße groß genug, um auf Pingeljagd zu gehen, ist aus dem Engel ein Bengel bzw. ein Blag geworden. Bevor Sie aber als Opfer des nächsten Klingelstreiches zu solchen oder härteren Ausdrücken greifen, bedenken Sie zunächst, dass wir alle mal klein angefangen haben...

Lektion 2

proppe(n)voll

Bedeutung: *randvoll, bis auf den letzten Platz besetzt*

Anwendungsbeispiel: „Wenn Libori is, krisse inner Citty keinen Fuß voarn annern. Ob auffem Pottmaakt, voarm Rathaus oder auffem Kamp, überall isses dann so richtich proppenvoll!"

„Proppen" ist die Paderborner Bezeichnung für einen Korken (Propfen). Wer vor hundert Jahren, als man noch nicht in einer Wegwerf-Gesellschaft lebte, seine mitgebrachte Flasche beim Kaufmann „proppenvoll" machen ließ, wollte sie also „bis zum Korken gefüllt" haben.

Im übertragenen Sinn können auch andere Dinge proppenvoll (oder auch proppevoll) sein: das Rolandsbad bei 30 Grad (mit Badegästen), die Maspernhalle beim Spiel der Baskets gegen Alba Berlin (mit Zuschauern) oder Hans-Wilhelm Niggemeier bei seiner Skatrunde (mit „Paderborner Pilsener").

Lektion 3

Mauken, die

Bedeutung: *schuhlose Füße*

Anwendungsbeispiel: „Was riecht das denn hiea so muffelich? Hat Bauer Ferling wieder seine Wiese geahlt? Ma' ma's Fenster zu!" - „Nee, kannse auflassen, ich hab bloß meine Schluffen ausgezogen." – „Käa, Willi, bisse wahne?! Der Gestank würd ja noch gehn, aber bei deine Schweißmauken fang' einem ja die Augen an zu brenn'!"

Ein wichtiger Hinweis: Bei der Verwendung des Begriffs „Mauken" immer schön auf den Kontext achten! Denn Mauken ersetzen die hochdeutschen „Füße" nicht allgemein, sondern nur, wenn diese olfaktorisch wahrnehmbar sind bzw. – um es noch deutlicher zu machen – wenn eine plötzliche Geruchsentwicklung in geschlossenen Räumen auftritt (daher auch die im Anwendungsbeispiel zitierten „Schweiß-" oder auch „Käsemauken"). In einem Wort wie „Fußpflege" kann man also keine Ersetzung vornehmen; „Maukenpflege" gibt es nicht. Es sei denn, jemand läge Wert darauf, sich seine unteren Gliedmaße regelmäßig mit Käse nach Roquefort-Art einschmieren zu lassen.

Merke: Mauken sind immer nur die Füße des anderen!

Lektion 4

Buxe, die

Bedeutung: *Hose*

Anwendungsbeispiel: Neulich in Benhausen: „Ker, Noarbäart, du ssiehs aber gar nich schnieke aus. Vom Güatel abwäats is alles so bullerich an dir. Lass uns ma moagen inne Ssitty faahn und dir ne neue Buxe kaufen!"

Der junge Ludwig in den „Lausbubengeschichten" von Ludwig Thoma (in mehreren 1960er-Jahre-Filmen von Hansi Kraus gespielt) wusste schon, warum er stets eine Lederhose trug. Abgesehen davon, dass dies in Bayern quasi gesetzlich vorgeschrieben war, dämpfte die Hose die Wucht der regelmäßig bezogenen Prügel, wenn die pädagogisch überforderten Lehrkörper nach seinen Streichen mal wieder mit dem Rohrstock anrückten.

Doch nicht nur in Oberbayern, auch in Ostwestfalen wussten die Schüler ihre „Buxen" schlaghemmend einzusetzen. Damals war das Kleidungsstück noch ein Geschlechtssymbol – Mädchen trugen Kleider und mussten wohl auch deshalb braver sein, weil sie den folgenden Trick nicht anwenden konnten. Paderborner Pennäler hatten eine Methode ausbaldowert, wie allzu strenge Lehrer von der Bestrafung durch den Rohrstock zumindest kurzzeitig abgehalten werden konnten. Die Schüler steckten sich eine mit Blut gefüllte Schweineblase in – genau: die Buxe. Beim ersten Schlag des Lehrers zerplatzte die Blase, und der Lehrkörper schreckte zusammen. Wie wohl auch die Mutter beim Gedanken daran, wie viel Arbeit es macht, das Schweineblut wieder aus der Buxe rauszuwaschen …

Für alle, die sich fragen, warum die Buxe Buxe heißt: Der Begriff entstammt dem Mittelniederdeutschen und ist eigentlich die verkürzte Form von „Buck-Hose", was nichts anderes bedeutet als „Hose aus Bocksleder".

Lektion 5

Bollen und Pöter

Bedeutung „Bollen": *im engeren Sinne: Oberschenkel*
Bedeutung „Pöter": *Gesäß, Hintern*

Anwendungsbeispiel 1: „Heut gibt's bei uns zu Mittach 'nen gebratenen Hahnemann. Mmh, mir schmeckt ja nix bessa as wie son'n lecker Hähnken-Bollen mit oantlich Soosse."

Anwendungsbeispiel 2: Pragmatische Paderborner Pädagogik: „Was heulze denn so? Kriss gleich was auf'n Pöter, dann hass'n Grund zum Heulen!"

Der Begriff Bollen ist nicht allzu häufig anzutreffen. Genau genommen findet er nur in zwei sehr spezifischen Alltagssituationen Verwendung. Die eine ist der familieninterne Verteilungskampf um ein Brathähnchen („Mama! Heinz-Kevin hat sich beide Flügel genommen! Dann will ich aber beide Bollen!"), die andere der daraus resultierende pädagogische Masterplan der Erziehungsberechtigten zur Wiederherstellung des häuslichen Friedens („Getz hört sofort auf zu kebbeln! Ihr wisst ja: Kinner, die was wollen, krieg'n was auf die Bollen!").

Die Drohung gegenüber dem Nachwuchs ist allerdings kompletter Unsinn. Zum einen kriegen Kinder, die was wollen, heutzutage das Gewünschte ohnehin, weil sie ihre Eltern diesbezüglich im Griff haben – die Wachstumsraten der Spielzeug-Industrie sind dafür Beleg genug.

Und selbst wenn man berücksichtigt, dass der Spruch aus pädagogisch rückständigen Zeiten stammt, in denen noch der Rohrstock zum elterlichen Rüstzeug gehörte, scheinen zum anderen die „Bollen" wohl nur des Reimes wegen erwähnt zu werden. Denn leidtragendes Körperteil solcher angeblich erzieherischer Maßnahmen war doch wohl eher der „Pöter", aber auf den reimt sich halt nichts Passendes. Das führte immerhin dazu, dass sich die Bedeutung der Bollen von den Oberschenkeln (engerer Sinn) auf den Po (weiterer Sinn) erweiterte.

Apropos Po: Jeder hat einen, aber nicht bei jedem wird der Pöter Pöter genannt. Vornehmlich bezeichnet man mit dem Begriff nämlich Kindergesäße (vergl. die Redewendung „glatt wie ein Babypöter"). Ob ausgewachsene Hintern als Pöter bezeichnet werden, hängt von Form, Straffheit und Knackigkeit bzw. deren Fehlen ab.

Nahezu undenkbar wäre es zum Beispiel, das knackige Hinterteil eines Robbie Williams als Pöter zu bezeichnen – auch wenn die Neigung des Rockstars, seinen verlängerten Rücken bei Bühnenshows zu entblößen und uns damit ein solches Urteil zu erlauben, frühkindliche Verhaltensmuster beinhaltet. Merke: Ein Pöter hat kein Sexappeal!

Gutes Aussehen und gutes Benehmen sind manchmal zwei verschiedene Paar Schluffen *(vgl. Lektion 36).*

bollerig

Bedeutung: *unförmig, zu weit geschnitten (bei Textilien),*
2. *schroff, ungehobelt, auch: dickköpfig*

Anwendungsbeispiel: „Du ahnzes nich: Schnütenkötters
Erna hat tatsächlich ihren Bäathold auf Diät gesetzt! Dabei
waa dea doch voahea schon so'n Schmachtlappen. Aber getz
kann er selbs sein Anzuch vonna Eastkommunion wieder
traagn, und es ssieht noch bollerich aus."

Der klanglichen Ähnlichkeit wegen wollen wir nach der
Lektion „Bollen" den Begriff „bollerig" (mancherorts auch
„bullerig") vorstellen. Das Adjektiv findet während der
Anprobe beim Herrenausstatter Verwendung, wenn das
übergezogene Kleidungsstück etwas weit ausfällt („Nää,
XXXL is Ihn' denn doch was zu bollerich. Probieansema
XXL."). Jungen und Mädchen kennen den Begriff auch in
Zusammenhang mit aufgetragenen Klamotten der älteren
Geschwister.

Speziell unförmig gewordene und am Bund ausgeleierte
Hosen, die an der Hüfte rutschen und an den Kniekehlen
schlackern, werden als bollerich bezeichnet. Folgerichtig
lautet der ostwestfälische Fachbegriff für ein an Schenkeln
und Po etwas zu weites Beinkleid „Bollerbuxe".

Bollerich kann aber auch auf ungehobeltes Verhalten hinweisen („Gürjen, sei nich immer so bollerich, wenn mein
Kaffekränsken zu Besuch is!"). Wer immer gleich lospoltert
und aus nichtigem Anlass rumbölkt, oder wer höfliche Fra-

gen – wenn überhaupt – grundsätzlich lustlos bis pampig beantwortet, hat schnell seinen Ruf als „Bollerkopp" weg.

Brast, der

Bedeutung: *Wut, Zorn, Ärger*

Anwendungsbeispiel: Dicke Luft im Büro: „Kär, was hat Scheffe mich grade angebölkt. Der is aber so richtich in Brast." – „Ach, da nimm dich ma nix von an. Der hat ja zuhaus sson Brassel mit seiner Frau; da soll das wohl von komm', dass der so brastich is."

In den nächsten beiden Folgen wird es kompliziert. Wir wenden uns den Feinheiten der Paderborner Sprachlehre zu: dem Unterschied zwischen Brast und Brassel. Der ist umso schwieriger nachzuvollziehen, als beide etwas Unangenehmes bezeichnen und man sowohl Brast als auch Brassel gemeinhin aus dem Wege gehen möchte. Aber es nützt ja nichts: Am Ende dieses Buches wartet eine Lernkontrolle auf Sie, und bis dahin müssen beide Begriffe sitzen ...

„Bras", das Grundwort der beiden Wörter, stand im 14. Jahrhundert für Lärm. Wenn die Burgherren beim abendlichen Umtrunk besonders laut wurden und die ritterliche Runde zu einem liederlichen Gelage verkam, wurde an der mittelalterlichen Tafel „gebrast" bzw. „geprasst", d.h. gelärmt. Weil man schon früh einen Zusammenhang zwischen der Lautstärke abgesungener Stimmungslieder und der Anzahl geleerter Bierfässer erkannte, gebrauchen wir heute „prassen" im Sinne von „übertrieben konsumieren".

Wenn ein Vorgesetzter, der wegen der vorabendlichen Niederlage seines Fußballklubs (also hier in Ostwestfalen wahrscheinlich Bayern München, Borussia Dortmund oder Schalke 04, vielleicht aber auch doch, wie es sich gehört, der SCP) ohnehin schon leicht „bräsig" ist, nun einen seiner Angestellten dabei erwischt, wie dieser während der Arbeitszeit im Internet surft, und das auch noch ausgerechnet auf die Seiten von kicker.de – dann wird es im Büro derart laut, dass der Ärger des Chefs nur noch mit dem Wort „Brast" angemessen wiedergegeben werden kann. Bei einem Colonel der britischen Streitkräfte könnte man auch das mit dem Brast verwandte Adjektiv „brash" benutzen, das der Engländer ebenso für aufdringlich laute Musik wie für aufbrausendes Verhalten verwendet.

Das Beruhigende an den Wutausbrüchen in Westfalen wie in Westminster: Der Brast beschreibt eine plötzlich auftretende, aber auch ebenso schnell wieder abebbende Gefühlswallung – nach ein paar Minuten haben sich alle wieder lieb. Es sei denn, die Beteiligten haben außerdem gewaltigen „Brassel am Kopp", der die seelische Ausgeglichenheit längerfristig verhindert. Mehr dazu in der folgenden Lektion, in der wir lernen, wie ein lautstarkes Schlemmerfest trinkfester Ritter zu Stress ausarten konnte, d.h. wie aus dem „Prassen" der „Brassel" wurde.

Brassel, der

Bedeutung: *1. Arbeitsdruck, Stress, Ärger, 2. Plunder, Haufen, Kram*

In der letzten Lektion nahmen wir die schöne Vokabel „Brast" in der Bedeutung von „Wut" durch. Es geht auf das mittelalterliche Wort „Bras" für „Lärm" zurück. Nun ist der Mensch aber nicht nur laut, wenn er wütend ist, sondern auch im Gegenteil, wenn er etwas ausgelassen feiert. So wurde es früher in der Paderborner Kaiserpfalz ganz besonders laut, wenn die Ritter ein Fress- und Trinkgelage veranstalteten. Deshalb änderte sich mit der Zeit die Bedeutung des Wortes „Prassen", das ursprünglich das „Lärmen" bezeichnet hatte: Bald stand es nur noch für einen ausschweifenden und verschwenderischen Konsumgüterverbrauch.

Dasselbe Szenario liegt übrigens auch der Redewendung »in Saus und Braus leben« zugrunde: Ursprünglich hieß die tatsächlich nichts anderes als »in Lärm und Lärm leben«. Wo beim Essen gelärmt wird, kam offensichtlich schon immer mehr auf den Tisch als nur Graupensuppe mit Grahambrot. Wie dem auch sein, Bras wurde zu einem Ausdruck für eine »viel zu große Menge«, gemessen am eigentlich Notwendigen, egal, ob es nun um Akustik oder um materielle Güter ging.

Wer prasst, hat also offensichtlich mehr, als er braucht. Solange sich dieses »mehr« auf Geld, Klamotten oder lecker Bratkartoffeln bezieht, kann der Mensch das Leben in vollen

Zügen genießen. Wenn es aber Aufgaben, Pflichten und Termine sind, von denen er zu viele hat, und er Überfülle allein in Bezug auf zu erledigende Arbeit kennt, dann bekommt Bras plötzlich eine negative Bedeutung. Dann hat er nämlich Stress – oder auf ostwestfälisch »ein' Brassel am Hals, dass er ganz mitte Näaven fäattich is.«

Es gibt jedoch auch Leute, die empfinden ständigen Arbeitsdruck nicht als Brassel. Es sind Menschen, die einen ausgefüllten Terminkalender als Beweis für ein ausgefülltes Leben halten. Doch auch die kennen die Vokabel dieser Lektion. Weil sie nämlich vor lauter Arbeit im Büro in ihrer eigenen Wohnung nicht zum Aufräumen kommen, sitzen sie nach Feierabend »in ihrn ganzen Brassel« – also einem Zuviel an Zeug, einem Durcheinander an Gedöns, im weiteren Sinne auch im Schlamassel.

Einerlei, in welcher Bedeutung der Brassel oder auch seine engen Verwandten Brass, Brast oder bräsig verwendet werden, irgendwie hat diese Wortfamilie immer mit Ärger zu tun. Also wünschen wir Ihnen, dass Sie diese Vokabeln möglichst selten brauchen. Und falls Sie doch einmal ein bisschen Ärger zuhause oder im Buro haben, denken Sie einfach daran: Gegen kleinen Ärger helfen schnell und sicher große Sorgen. Oder Sie handeln nach dem Motto der Paderborner Brettspielfreunde. Deren Rezept für generelles Wohlbefinden: »Mensch ärgere Dich nicht. Ärgere andere!«

Döppen und döppen

Bedeutung: *1. Augen, 2. jemanden unter Wasser tauchen, 3. entschoten*

Anwendungsbeispiel 1: Im Treppenhaus: „Könnse nich die Döppen aufmachen, bevorse hiea mit ihra Töle mittenmang durchtapern?! Sie sehn doch, dass ich hiea wische!" – „Wischen ist gut! Sie fluten die Treppe ja geradezu. Und höanse sofoat auf, mein' Fido zu döppen!"

Anwendungsbeispiel 2: Der Vater stellt den Verehrer seiner Tochter zur Rede: „Ich hab gehöat, sie ham die letzte Nacht bei unser Mia geschlafen?!" – „Da könnse ma sehn, wie die Leute lügen. Ich schwöre, ich hab die Döppen nich eine Minute zugekricht!"

„Döppen" (oder auch „Döppe") für Augen ist eine eher selten verwendete Vokabel. Sie kommt eigentlich nur in Sätzen mit Befehlsform vor, wobei die Aufforderung, die Döppen auf- bzw. zuzumachen, meist im übertragenen Sinn für „Pass auf!" bzw. „Schlaf ein!" steht.

So schreit der Fußgänger dem Fahrradfahrer hinterher, der ihn beinahe umgefahren hätte: „Mach die Döppen auf, du Dämelack!" Und die Mutter, die ihren Sprössling zum dritten Mal an diesem Abend ins Bett bringt, wirft mit dem Begriff alle pädagogischen Ideale über Bord. Hat sie ihrem Nachwuchs beim ersten Zubettgehen noch zärtlich zugeflüstert: „Nun geh schön ins Bett, schließ die Äuglein und träum was Schönes", so lautet die Version in der letzten

Eskalationsstufe: „So, getz is endgültig Feiaahmd – ab in die Falle, Döppen dicht und Matratzenhoarchdienst!"

Außerhalb solcher Extremsituationen sollten Sie mit dem Begriff sparsam umgehen. Übertriebene Verwendung mundartlicher Vokabeln wird bei Zugezogenen als Anbiederei empfunden, reden Sie also bitte Ihren Augenarzt nicht mit „Döppendoktor" an!

Die Verbform „döppen" kommt dagegen recht häufig vor. Zurecht, fasst sie doch griffig in einem Wort zusammen, was man sonst umständlich mit „jemanden im Wasserbecken kurz unter die Wasseroberfläche drücken" formulieren muss. Diese Umschreibung passt zwar auch auf „taufen" (und sprachhistorisch haben die beiden Begriffe in der Tat dieselben Wurzeln), aber „döppen" meint etwas anderes, nämlich die im Rolandsbad bevorzugte, allerdings langfristig nicht immer zielführende Methode pubertierender Jugendlicher, Kontakt mit dem anderen Geschlecht herzustellen.

Und schließlich bezeichnet man mit „döppen" noch das Pulen von Hülsenfrüchten – zumindest bezeichnete man es so, als selbst Stadtkinder noch wussten, dass Erbsen und Bohnen nicht in Konservendosen wachsen. Eine friemelige Arbeit, die heute Herr Bonduelle für uns erledigt. „Kniepeköppe", also ganz geizige Paderborner, döppen allerdings noch immer selbst – weil sie so besser Erbsen zählen können …

Flötepiepen!

Bedeutung: *Denkste! Von wegen! Pustekuchen!*

Anwendungsbeispiel: „Und, wie war dein Ronndewuh gestearn ahmd am Kamp? Hasse da getz'n Krösken am Start und das Mädel rumgekricht?" – „Flötepiepen! Die olle Trine is gar nich ears gekomm'!"

Was heißt eigentlich flötepiepen? Na, das kann sich doch jeder ganz leicht zusammenreimen! Flötepiepen heißt „Flöte pfeifen" und soll bedeuten, dass das soeben Gehörte so viel wert sei, als hätte der Sprecher durch eine Flöte gepustet und nichts als heiße Luft erzeugt. Logisch, oder?

Aber flötepiepen! Denn die Wurzeln dieses Ausdrucks liegen überraschenderweise nicht zwischen Rhein und Weser, sondern zwischen Nil und Tigris. Der Bestandteil „Flöte" stammt vom hebräischen „peletä" ab, und das ist kein Instrument, sondern bedeutete sowohl „Flucht" als auch „Bankrott" – was die Vermutung zulässt, dass sich schon vor 2500 Jahren so mancher Schuldner seinen Zahlungsverpflichtungen entzog, indem er einfach abhaute.

Jedenfalls entwickelte sich aus dem Wort „peletä" über das Jiddische die „Pleite". Dieser uns heute leider allseits bekannte Begriff war noch bis ins 19. Jahrhundert ein Wort der Gaunersprache und gelangte relativ spät in die allgemeine Umgangssprache. Bevor das der Fall war, existierten mehrere regionale Sprachvarianten: „Blete" zum Beispiel oder eben „Flöte".

Auch der zweite Wortbestandteil, das „Piepen", ist übel beleumundet, entstammt er doch ebenfalls der Gaunersprache, dem Rotwelschen. In Anlehnung an das Gezwitscher kommunikationsfreudiger Singvögeln beschreibt das „Pfeifen" eine in Ganovenkreisen denkbar unbeliebte Redseligkeit. Wer „verpfiffen" wird, der wird verraten und der Polizei gemeldet. Dem kann man als Dieb nur zuvorkommen, indem man sich stellt und ein Geständnis ablegt – statt verpfiffen zu werden, pfeift man selber. Pfeifen hat hier also die Bedeutung von „aussagen, eingestehen".

Damit heißt flötepiepen nichts anderes, als „eine Pleite eingestehen". Wer hätte das gedacht? Dass es eine ostwestfälische Vokabel aus dem Rotwelschen mit hebräischen Wurzeln gibt, sollte man nicht meinen – aber flötepiepen …!

Lektion 11

kniepig

Bedeutung: *geizig, knauserig*

Anwendungsbeispiel: „Ker, was iss der Gääd doch füa'n Knickerbold! Letztens hat er beim Zähneputzen zu feste auffe Zahnpastatube draufgedrückt, und kniepich wie der Schrapphals is, hat er dann eine Stunde rumgefriemelt, bis er das Zeuch wieda drinnehatte!"

Man kann den Paderbornern ja vieles unterstellen, aber nicht, dass sie geizig sind. Dazu fehlt ihnen schlicht das Geld. Wenn sie derzeit nicht allzu freigiebig konsumieren, dann höchstens, weil sie sehr sparsam wirtschaften – sie verschwenden nichts, höchstens mal einen Gedanken an ihre Rente, und schon setzt der Hang zum Sparen wieder ein. Sehr zum Ärger des zeitgenössischen Einzelhandels, aber dafür zur umso größeren Freude der Erben.

Zugegeben – einzelne Zeitgenossen übertreiben es mit der Sparsamkeit. Ihnen haftet dann zurecht der Makel der Knickerigkeit an, und sie müssen sich einen „Kniep(e)-kopp", „Knickerhannes" oder „Knickebur" schimpfen lassen. Als ebenso trauriges wie abschreckendes Beispiel aus der jüngeren Vergangenheit darf hier das Verhalten des Friedrich Holtkötter angeprangert werden.

Der für seine Kniepig- wie Knütterigkeit bekannte Rentner hatte drei Gäste aus Paderborns französischer Partnerstadt Le Mans bei sich aufgenommen (die Verbindung zwischen den beiden Städten besteht seit 836 und ist damit die älteste Städtepartnerschaft Europas, auch wenn der offizielle Status erst von 1967 datiert). Holtkötter tat dies weniger aus Gastfreundschaft als vielmehr wegen der Aussicht auf kostengünstige Frankreich-Urlaube im Zuge späterer Gegeneinladungen – allein das zeigt, was für ein „kniepigen Käal" das ist!

Holtkötter deckte also den Tisch für das Mittagessen und platzierte dabei auch ein Stück Käse zwischen die Teller. „Oh, c'est tres interessant", bemerkte einer der Bretonen, „in Frankreich servieren wir Käse immer am Schluss einer Mahlzeit." Worauf Holtkötter nur wortkarg brummelte: „Bi us auk!"

Krösken, das

Bedeutung: *(halboffizielles) Liebesverhältnis*

Anwendungsbeispiel: Die Ehefrau des Direktors zu dessen neuer Sekretärin: „Ich hoffe nur, Sie fang' nicht wie Ihre Vorgängerin 'n Krösken mit ihm an. Sonst geht's Ihn' hier wie Ihrer Vorgängerin und Sie sind die längste Zeit Sekretärin gewesen." – „Wer war denn meine Vorgängerin?" – „Ich."

Eine Liaison, eine Liebelei, eine Romanze, eine Affäre – keines der Wörter trifft exakt die Bedeutung des „Kröskens". Die Liaison ist zu vornehm (wir sind ja nicht in Paris-Montmartre, sondern in Paderborn-Marienloh), die Liebelei zu oberflächlich, die Romanze zu schwärmerisch und die Affäre zu stürmisch. Aber was ist nun genau das Besondere daran, wenn „zwei son Kröösken mittenander ham"? Nun, ganz unromantisch betrachtet liegt bei einem Krösken folgender Sachverhalt vor: **1.** Ein Pärchen hat zusammengefunden. **2.** Niemand darf davon wissen. **3.** Jeder weiß davon.

Für die Punkte 1 und 2 sind die beiden Partner selbst verantwortlich, um Punkt 3 brauchen sie sich nicht zu kümmern. Der sonst so mundfaule Paderborner entwickelt nämlich ungeahnte kommunikative Fähigkeiten, wenn es darum geht, die Nachricht eines vor- oder außerehelichen Liebesverhältnisses zu verbreiten. Im publizistischen Übereifer soll es hin und wieder sogar vorkommen, dass Punkt 3 bereits vor dem Punkt 1 erfüllt ist und die beiden Protagonisten als stadtweit einzige Personen noch nichts von ihrem jungen Glück wissen.

Sich über die moralischen Fehltritte anderer zu empören, ist nämlich beliebtes Hobby. Ein Beispiel dafür schildert eine altbekannte und dennoch zeitlos aktuelle Anekdote. Da trifft sich eine Frau, deren Mann sie bei einem Klönabend mit Freundinnen wähnt, heimlich mit ihrem alten Schulfreund – der Krösken-Klassiker. Beide sitzen Händchen haltend in einem Restaurant, als die Nachbarn der Frau, die Eheleute Auffenberg, am Nebentisch Platz nehmen und das heimliche Paar vorwurfsvoll-pikiert anschauen. Die beiden Ertappten verlassen fluchtartig die Lokalität und beraten stundenlang, wie die verfahrene Situation zu retten und das Rendezvous vor dem Ehemann geheim zu halten sei. Schweren Herzens entschließt sich die Frau dazu, am nächsten Morgen bei den Auffenbergs zu klingeln. Mit hochrotem Kopf bittet sie Herrn Auffenberg inständig um Verschwiegenheit über das am Vorabend Gesehene. „Keär, das is ja man wiaklich Pech", beantwortet der noch im Polter befindliche Nachbar das flehentliche Gesuch. „Meine Frau issa grade mit los nachem Bäcker hin."

Lektion 13

Mäse, die

Bedeutung: *unfeiner Ausdruck für Gesäß*

Anwendungsbeispiel: Plattdeutsche Variante des Spruchs „Wer das glaubt wird seelig": „Wei dat glövt un ssien Bedde veaköft, liecht midde blanke Mäse in Strauh!" (Wer das glaubt und sein Bett verkauft, liegt mit dem nackten Hintern im Stroh.)

Wie der Köttel und die Miege, so ist auch die Vokabel dieser Lektion in der hochdeutschen Übersetzung recht derb. Umso schöner, dass es den mundartlichen Ausdruck gibt. Stellen wir uns zur Veranschaulichung vor, während eines Sektempfangs im Edel-Restaurant Balthasar fällt dem Kellner ein Glas zu Boden. Inhaltlich richtig, aber mit gängigen Benimmregeln unvereinbar wäre nun beim Anblick der Scherben Ihre Feststellung, das Glas sei „offensichtlich im Arsch" (Sie entschuldigen den Ausdruck, er dient hier dem höheren Ziel der Weiterbildung). Formulieren Sie denselben Sachverhalt auf Paderbörnsch – nämlich mit den Worten „Dat Chlass issa nu wo' inne Mäse" –, so ist Ihnen kein gesellschaftlicher Fauxpas vorzuwerfen. Die ortsansässigen Gäste freuen sich über die Verwendung einer heimischen Redewendung, und alle anderen haben gar nicht erst verstanden, was Sie da gerade gesagt haben.

Zu der Vokabel gibt es eine unglaubliche Geschichte, für die sich aber ein Bekannter der Beteiligten verbürgt. Sie passierte in den 1920er Jahren in Paderborn. Im Haxtergrund stand damals das Lokal „Weyher", wo eines Winterabends eine Hochzeit gefeiert worden war. Die dafür engagierten Musiker – ein Klavierspieler, ein Geiger und ein Bassist – hatten fröhlich aufgespielt und dabei natürlich auch „dearbe ein'n gepichelt". Erst in den frühen Morgenstunden machten sie sich auf den Heimweg.

Der Klavierspieler war dabei fein raus, gehörte doch sein Instrument zum Inventar des Lokals. Doch Geiger und Bassist mussten ihr Instrument nach Hause tragen. Gar nicht so einfach, wenn draußen alles gefroren und man selbst dudeldicke ist. So kamen sie auch nicht weit. Direkt auf der leicht abschüssigen und spiegelglatten Straße rutschte der Bassist, der sein Instrument auf dem Rücken trug, der Länge nach aus und saß auf seinem gebrochenen Bass. Seine beiden Kumpel beömmelten sich: „Nu is der Bass inne Mäse!" Woraufhin der Bassist richtigstellte: „Nää, de Mäse iss in' Bass!"

Vor der nächsten Lektion waschen Sie sich bitte den Mund mit Seife aus. Umso mehr, als wir dann ein Paderborner Grundnahrungsmittel behandeln: das Bütterken.

Bütterken

Bedeutung: *Butterbrot*

Anwendungsbeispiel: Jugend forscht: „Wenn son Stücke immer mitta beschmierten Seite nach unten fällt, und unsere Katze immer auf ihre Foten landet – was passiert dann eigentlich, wenn man dem Viech das Bütterken auf den Rücken schnallt und dann vom Baum schuppst?"

Das Bütterken ist die westfälische Sprachvariante des Butterbrotes, das hier zunächst zu „Butta" verkürzt („Schmiersse mich'en Butta, Mutta?") und dann durch die Paderborner Verkleinerungs-Endung „-ken" minimiert wurde. Doch auch ein kleines Bütterken hinterlässt große Flecken, wenn es vom Küchentisch rutscht: Es scheint nach dem „Gesetz der selektiven Schwerkraft" immer mit der Butterseite nach unten zu fallen. Eine leicht abgewandelte Theorie besagt, die Wahrscheinlichkeit, dass das Brot mit der beschmierten Seite nach unten landet, stehe im direkten Verhältnis zum Wert des Teppichs.

Dabei hat die Wissenschaft längst festgestellt: Ob unten ein PVC-Belag oder ein Perserteppich wartet, ist dem Brot egal, allein auf die Fallhöhe kommt es an. Bei der gängigen Küchentischhöhe von 75 Zentimetern schafft das Bütterken auf seiner Reise zum Boden eben nur eine halbe Drehung. Wer sein Marmeladenbrot fleckenfrei fallen lassen möchte, braucht also bloß von einem doppelt so hohen Tisch zu essen.

Dem Bütterken trotz einiger Teppichflecken zu höherem
Ansehen in der Bevölkerung zu verhelfen, dieses hehre Ziel
hatte sich die Centrale Marketing-Gesellschaft der Agrar-
wirtschaft (CMA, seit 2009 in Auflösung) auf die Fahnen
geschrieben. In einer ihrer letzten Pressemitteilungen
weist die CMA auf die steigende Nachfrage nach Bäckerei-
erzeugnissen hin. Demnach erfreuen sich Backwaren speziell bei jungen Leuten zunehmender Beliebtheit; selbst
in Diskotheken sind Bagel, Wraps und Tortillas total angesagt. Doch was fehlt auf der Rangliste populären Party-
proviants? Völlig zu Unrecht das bewährte Bütterken!

Bei der CMA wusste man gegenzusteuern: „Gerade als
schneller Snack ist der Retro-Klassiker Butterbrot ideal",
so steht es in der Pressemitteilung, deren raffinierte Wortwahl der Jugend das Bütterken wieder schmackhaft macht:
So uncool ein Leberwurstbrot ist – mit einem „Retro-
Klassiker" in der Hand kann man sich jederzeit auf der
Tanzfläche sehen lassen. Dieser Trick ist auch für Eltern
jüngerer Kinder interessant: Wenn Ihre Blagen das nächste

Mal ihr Pausenbütterken nicht mit in die Schule nehmen wollen, verkaufen Sie ihnen die Stulle als Trendgebäck oder angesagten Fingerfood-Hit. Sie werden vor lauter Bütterkenschmieren nicht mal mehr dazu kommen, die Nutellaflecken aus dem Flokati zu entfernen.

Das zweitleckerste Bütterken, das man sich denken kann, ist natürlich aus einer frischen Scheibe Paderborner Landbrot gemacht. Das leckerste Brot allerdings ist und bleibt: das „Hasenbütterken"!

Zusatzvokabel: Hasenbütterken

Bedeutung: *das leckerste Brot der Welt*

Anwendungsbeispiel: „Heut abend bleibt die Küche kalt. Vattern is kodderich, der hat auf Aabeit nix essen könn' – getz gibts Hasenbütterkes für alle!"

In unserer Zusatzlektion für Fortgeschrittene beschäftigen wir uns mit einer besonders schmackhaften Sonderform des belegten Brotes: Als „Hasenbütterken" bezeichnet man Butterbrote, die z.B. von der Arbeit oder einem Ausflug wieder mit nach Hause gebracht und dann umso genüsslicher am heimischen Küchentisch verzehrt werden. Oft isst man „überkreuz", d.h. der Vater vertilgt abends die von den Kindern verschmähten Schulbrote, während die Kinder begeistert zu Vaters aus Zeitnot unangetasteten Frühstücksstullen greifen.

Hasenbütterken erkennt man an der harten Kruste und den sich nach außen biegenden Kanten, am glasigen Käserand und dem bunt schillernden Schinken. Der Belag ist frei wählbar, jedoch scheiden Mett, rohe Eier und doppelt aufgewärmter Spinat unter ernährungshygienischen Gesichtspunkten als Hasenbütterkenbelag aus. Warum Bütterken, die den Tag in Tornistern, Aktentaschen und Rucksäcken verbracht haben und nach dem Motto »Morgens geschmiert, abends probiert« vertilgt werden, so unvergleichlich gut schmecken, bleibt ein Rätsel – ebenso wie die Herkunft des Namens.

Rührt die Bezeichnung »Hasenbütterken« daher, dass Rundbrote, wenn sie sich nach einem Tag in der 40 Grad warmen Schulranzenvortasche durchgebogen haben, den Löffeln (Ohren) von Hasen gleichen? Wesentlich nachvollziehbarer klingt die Erklärung, die übriggebliebenen Bütterken seien früher von der nutztierhaltenden Landbevölkerung Ostwestfalens an Stallhasen verfüttert worden. Das Grimmsche Wörterbuch wiederum weiß zu berichten: »Hasenbrot ist ein Kinderwort für Brot, das der Jäger nicht auf der Jagd verzehrt, sondern in seiner Jagdtasche wieder mit nach Hause bringt und als vom Hasen herrührend den Kindern gibt.«

Lektion 15

massich

Bedeutung: *reichlich, eine Menge*

Anwendungsbeispiele: Lästerei im Brauhaus: „Blomenkempers, die habbich ja gefressen. Der olle Stoffel und sein Puselchen, wenn die'n Mund auftun, kommt nur

Stuss raus. Die ham beide keine Ahnung von nix, aber davon massich!"

„Massich" gehört zu den Paderborner Maßeinheiten. Es ist das Gegenteil von „nuanganzpa" (Beispiel Fußball: „Wenn der SC gegen Arminia kickt, sind im Stadion immer massich Zuschauer, aber gegen Energie Cottbus komm' nuanganzpa."). Ein szenisches Beispiel zur korrekten Verwendung des Wortes: Besagte Blomenkempers geraten beim gemeinsamen Fernsehabend in den (für ein Publikum im katholisch-ländlichen Bereich reichlich gewagten) Spätfilm „Stürmische Liebschaften".

Ihre anfängliche Überraschung weicht gespannter Anteilnahme am amourösen Gebaren der Hollywood-Akteure. Speziell Irmgard Blomenkemper fühlt plötzlich das Feuer der Leidenschaft in sich lodern, welches ihr Mann, der sich als langjähriger Schlauchwart der Freiwilligen Feuerwehr Grundsteinheim ganz der Brandbekämpfung verschrieben hat, in den letzten Ehejahren bzw. -jahrzehnten partout nicht mehr entzünden wollte.

Sie findet die handlungsarmen Szenen durchaus bildungsreich für ihren Gatten: „Kumma, Heinz, die beiden ham sonn Krösken zusamm. Und getz kumma, was der sich mit ihr hat, Heinz, der is sie ständich am knuddeln. Das is sson richtig Schmuserigen. Von dem Käal, da könnze dir ruich ma was von annehm!" Worauf Heinz Blomenkemper seiner Frau zu bedenken gibt: „Da muss du aber auch bei berücksichtigen, was der da massich Moos füa kricht!"

Maßeinheiten

Nicht immer ging es den Paderbornern so gut wie heute,
Luxus war dem Großteil der Bevölkerung in früheren Zeiten fremd. Eine Vokabel, die eine große Menge beschreibt,
brauchte man offenbar nicht. Um Fülle oder Überfluss auszudrücken, entwickelte der Paderborner allein die soeben
behandelte Vokabel »massich« (»Was heißt, du hast nix
anzuziehn? Da häng' doch massich Kleider im Schrank!«),
oder er greift auf die Verstärker »dearbe« und »oantlich«
zurück (»Du rüarst aber deabe viel Butter innen Kuchenteich!« –»Jau, ich sach mir immer: Tu man oantlich bei; da
kannse nix mit vardäaben.«).

Dem gegenüber steht eine Fülle von Ausdrücken, mit denen der Paderborner kleine Maßeinheiten benennt. So
kann er gerade geringfügige Mengen, Strecken und Gewichte

gänzlich ohne Messbecher, Waagen oder andere Mess-instrumente korrekt einschätzen und bennenen. Möglich macht dies sein umfangreiches Vokabelrepertoire: vom Stücksken übers Ecksken bis zum Endken, vom Tuck übern Tacken bis zum Kitzken, vom Stritz übern Klacks bis zum Klöttken.

Einziges Problem dabei: Jeder Paderborner ist sein eigenes Eichamt. Da die Stadt rund 145.000 Einwohner hat, existieren ebenso viele Umrechnungstabellen und Meinungen, welcher hochdeutschen Maßangabe zum Beispiel „1 Itzken" entspricht. Bittet ein Student in der Mensa um einen „Klacks" Soße, dann mag ein spisseliges „Mickermännchen" damit einen halben Esslöffel meinen, aber wer so ein „richtigen Kavenzmann" ist, der verlangt mit dieser Bestellung eher eine Fülle, das heißt eine Schöpfkelle voll.

Ein „Tacken" kann gar für so unterschiedliche Größen stehen wie anderthalb Meter („Neenochma, der SC hat schon wieder übers Toar geballert. Der Schuss war nich schlecht, aber'n Tacken zu hoch."), einen Neigungswinkel von 10 Grad („Getz nochen Tacken weiter runter, und das Bild hängt fast grade."), 20 PS („Muss du immer so ubear die Bahnhofstraße pesen? Wiar komm' schon noch rechzeitich nachm Zuch hin. Fahr ma nen Tacken langsamer – ich wüard ganz gern lehmd auffem Bahnsteich ankomm'!") oder 30 IQ-Punkte („Der eine Kandidat in dem Kwiss war ja schon bestusst: Der dachte, eine Eselsbrücke sei ein Zahnersatz für Grautiere. Aber der andere Kandidat war sogar nochen Tacken dööfer: Der wusste nich ma, wann die Sixtinische Kapelle ihre letzte CD aufgenommen hat!").

Paderborn Maßeinheiten mit exemplarischer Umrechnung:

1 Stritz = 20 ml: „Milch zum Kaffee?" – „Jau, bitte, aber man nuar sson Stritz."

1 Stücksken = 300g: „Ich hätt gern sonn Stücksken vonna Biearwuarst."

1 Tuck = 3 cm: „Nochen Tuck nach hinten, und das Real steh genau anner Wand."

1 Klümpken = 1 ccm: „Ich nehm zehn Klümpken Zucker innen Kaffee – aber bitte nich umrüarn, sonss wird er dearbe süß."

1 Klacks = 1 Esslöffel: „Sandkuchen ohne was drauf is ja ma 'n dröges Zeuch – tu mich da ma noch sonn Klacks Sahne bei."

1 (K)Itzken = 1 cm: „Das Autofenster stand nua sson winziges Itzken auf, aber das reichte dem Gesocks, um mein Radio da wechzuholen – vadorrichnocheins!"

Lektion 17

Knüpp, der

Bedeutung: *Knoten*

Anwendungsbeispiel: „Käar, is das friemelich – ich habb'en Knüpp im Schuhband. Da bin ich getz schon ne Vieatelstunde ohne Resulotat dran am rumknibbeln."

Den alten Germanen verdanken wir eine ganze Menge. So verhinderten sie durch ihren Sieg über die Römer in der Varusschlacht, dass Latein zur Verkehrssprache in Mitteleuropa wurde. Wenn an Paderborn Schulen wie dem Theodorianum heute trotzdem noch Latein gelehrt wird, ist das allein mit der geringen Cherusker-Quote in der Kultusministerkonferenz zu erklären.

Zugegeben, mit ihrem Sieg verhinderten die Germanen ebenso den Bau von Aquädukten, Badehäusern, Schulen, Bibliotheken und Theatern und sorgten dafür, dass die Menschen in Mitteleuropa weiterhin fellbehangen und Keulen schwingend einer Wildschweinrotte hinterherjagen mussten, anstatt zum Abendessen in eine lauschige Taverne einkehren zu können. Doch genauer betrachtet ist die angebliche Kulturlosigkeit unserer Vorfahren nur ein böses Gerücht. Denn Arminius und Co. schenkten uns viele unermässlich wohlklingende Wörter, auf die ebenso viele Begriffe unserer heutigen Sprache zurückgehen.

Eine besonders schöne Wortsippe ist die umfangreiche Gruppe germanischer Wörter, die mit „kn" anfangen. Ihnen ist gemein, dass sie etwas mit „zusammendrücken, pressen, klemmen, ballen" zu tun haben: Knödel, Knospe, Knorpel, Knauf und Knopf haben dieselbe sprachgeschichtliche Wurzel wie knüllen, knautschen, kneten, knutschen und knuddeln. Und da wir langsam auch zum Thema dieser Lektion kommen müssen, auch der Knoten. Und weil man mit einem Knoten zwei Seilenden verKNÜPfen kann, heißt der Knoten in Westfalen Knüpp. So einfach kann Linguistik sein.

Ein Anwendungsbeispiel für den Alltag führt uns – wie auffallend häufig – an eine Kneipentheke. In der Schankwirtschaft „Gerichtsklause" wird der alte Krogmeier gefragt, warum er sich einen Knoten ins Taschentuch gemacht habe. „Der soll mich daran erinnern, dass ich ab getz keine Kuarzen mehr trinken daaf – hat mir nämmich der Doktoar veaboten", ist seine Antwort, die allgemeine Verwunderung auslöst. „Du und keine Kuarzen mehr? Du hass dir aber doch eben noch einen Steinhäger und einen Wippermann genehmicht!" Worauf Krogmeier, durchaus schuldbewusst, sein Verhalten erklärt: „Jau, ihr habt ja recht. Aber ich bin das nich in Schuld! Ich seh den Knüpp ja immer earst, wenn ich mir nachem Trinken den Mund afwischen will!"

Lektion 18

Pömpel, der

Bedeutung: *Pfahl, Pfeiler, Pfosten, Pflock – alles, was Verkehrsteilnehmern phallusförmig im Weg steht*

Anwendungsbeispiel: „Inne City wiasse ja ramdösich mitm Auto. Niagens kannsse mehr langfahren, überall stehn Pömpel!" – „Lehmsgefährlich is das! Voarm Vinzenz anner Kasseler Straße kannze hinterm Bus langjuckeln, der Fahrer kann die Pömpel da automatisch runterfahn lassen. Aber wennde nich schnell genuch hinterher bis, komm'n die just wieder hoch und Deine Nuckelpinne wiard aufgebockt …"

Durch seine vielseitige Verwendbarkeit ist der Pömpel der ungekrönte König unter den mundartlichen Begriffen Ost-westfalens. In den Duden aufgenommen würde er Dutzende Wörter quer durch das Alphabet überflüssig machen: von Absperrpoller und Baumstumpf über Gummikegel und

Holzstecken bis Straßenbegrenzungspfosten und Zierstein. Die Volksgruppen, die ohne diesen wohlklingenden Begriff zurechtkommen müssen – und das sind alle außer uns –, können einem leid tun.

Pömpel-Anwendungsbeispiel 1

Pömpel-Anwendungsbeispiel 2

Lektion 19a

pruckeln

Bedeutung: *herumstochern, irgendetwas mit irgendetwas anderem bearbeiten – pruckeln halt*

Anwendungsbeispiel: „Kerr verdammich, ich mach doch keine Rosinen im Kuchen. Getz daaf ich die da alle rauspruckeln!"

Tja, wie soll man den Begriff „pruckeln" erklären? Vielleicht, in dem man aufzählt, mit welchen Dingen sich pruckeln lässt: zum Beispiel mit einem Zahnstocher in den Backenzähnen, mit einem Schürhaken (Paderbörnsch: „Pruckelhaken") in der Glut eines Kaminfeuers, mit einer Gabel nach verkohlten Brotkrümeln auf dem Boden des

Toasters, mit dem Fingernagel in Wundschorf, mit einem Stück Bierdeckel in flüssigem Kerzenwachs (der Pruckel-klassiker an Kneipentischen).

Am besten pruckeln kann man aber noch immer mit einem Pinorkel. Ohne zu wissen, was ein Pinorkel ist, können Sie gar nicht nachvollziehen, was „pruckeln" bedeutet. Deshalb ist es eine zwingende Notwendigkeit, dass wir diesen Begriff umgehend erklären.

Lektion 19b

Pinorkel, der

Bedeutung: *kleiner Gegenstand*

Anwendungsbeispiel: „Gestean kam im Feansehn eine Repoataasche über Autodiebe. Du, wenn da deine Scheibe nur so'n Izken aufsteht, ziehen die da mit sonnem Pinorkel den Pinorkel von der Tüa hoch – und wech is der Wagen!"

In der vorangegangenen Lektion haben wir versucht zu erklären, was das Wort „pruckeln" bedeutet. Das war deshalb so schwierig, weil man gemeinhin mit einem „Pinorkel" pruckelt und wir diese Vokabel noch nicht durchgenommen hatten. In dieser Lektion erklären wir Ihnen also, was man einen Pinorkel nennt, und dann wird Ihnen hoffentlich auch klar, was mit „pruckeln" gemeint ist.

Tja, nur wie soll man den Begriff „Pinorkel" erklären? Vielleicht so: Pinorkel (oft auch Pinörkel oder Pinöckel) sind von geringer Größe, oft eher länglich und spitz, mitunter hakenförmig. Zugegeben, dass alles klingt etwas unpräzise. So schwammig man auch ihr Aussehen umschreiben muss, so exakt, anschaulich und eindeutig lassen sich die meisten Pinorkel aber durch ihre Einsatzmöglichkeit definieren: Man erkennt sie daran, dass man mit ihnen prima pruckeln kann. Womit dann ja wohl alle Fragen beantwortet sein dürften.

Pinorkel, Teil 2 (für Fortgeschrittene)

Wenn der „Pömpel" der König unter den Paderborner Vokabeln ist, dann ist der „Pinorkel" der Kronprinz. Denn ähnlich wie der Pömpel ersetzt auch der Pinorkel eine Vielzahl von Begriffen aus dem Hochdeutschen. Wenn wir einen Pinorkel zunächst als ein „Werkzeug zum Pruckeln" vorstellten, so war diese Umschreibung auf keinen Fall falsch, allerdings ist die Bedeutung des Pinorkels wesentlich weiter gefasst und beinhaltet auch solche Objekte, die zum Pruckeln gänzlich ungeeignet sind.

Es gibt nämlich eine ganze Reihe von Gegenständen, mit denen man gemeinhin *nicht* pruckelt und die dennoch als Pinorkel bezeichnet werden. Als Beispiele seien hier genannt: Mensch-ärgere-Dich-nicht-Spielfiguren, Pinnadeln für Pinwände, IKEA-Regalböden-Stützen, Autotür-Verriegelungsknöpfe oder das übrig gebliebene Teil, das man nach der Reparatur des Fernsehgerätes in der Hand hält, obwohl man den Apparat doch eigentlich schon wieder komplett zusammengebaut hat.

Wollen wir den Begriff präziser beschreiben, lautet unsere Definition also: „Ein Pinorkel kann jeder Gegenstand sein, der klein ist und für den man spontan keine Bezeichnung parat hat." Und wenn man dann noch damit pruckeln kann, ist es auf jeden Fall einer.

Lektion 20

rammdösig und wahne

Bedeutung: *verrückt*

Anwendungsbeispiel: „Ja seid ihr wahne, hiea so rumzubölken, während Omma ihr Mittachsschläfken macht? Die wiad doch ganz rammdösich bei euam Läam!"

Beispielhafte Situationen, in denen jeder Paderborner rammdösig wird, wenn er nicht schon wahne ist, sind: am letzten Samstag vor den Weihnachtsfeiertagen in der City einkaufen gehen, hinter zwei auf der Bahnhofstraße mit 30 km/h parallel nebeneinander juckelnden Lippern festsitzen, Paderborn-Baskets-Fan sein. Ansonsten dürften die beiden Vokabeln inhaltlich klar sein.

Völlig unklar ist dagegen, woher eigentlich der Begriff „rammdösig" kommt. Der zweite Teil des Wortes ist sprachwissenschaftlich noch nachvollziehbar: Wer „döst", kann schon eingeschlafen sein oder noch halb wach, in jedem Fall träumt der oder die Dösende vor sich hin. „Dösig" ist also jemand, der schläfrig, benommen und deshalb nicht im Vollbesitz seiner geistigen Kräfte, sprich dumm ist. Wir finden das Wort in so schönen Beleidigungen wie „Döskopp" oder „Dösbaddel" wieder. Letzteres kommt übrigens vom mittelhochdeutschen „Büttel", eine (abwertende) Bezeichnung für einen Diener – ein „Dösbaddel" ist also ein dummer Diener, der die ihm gestellten Aufgaben nicht zur Zufriedenheit seines Herrn erledigen kann.

Was aber soll das „ramm" in rammdösig? „Ramme" ist eine alte Bezeichnung für einen Widder. Vielleicht rührt der Begriff also daher, dass Schafe oft stundenlang regungslos auf der Weide stehen und vor sich hin dösen. Nicht auszuschließen ist aber auch, dass „rammdösig" den Bewusstseinszustand beschreibt, der sich bei jedem, der während der Brunftzeit einen Widder ärgert, nach dem Aufwachen im Krankenhaus einstellt.

Lektion 21

Pott, der

Bedeutung: *Topf*

Anwendungsbeispiel: Mittagessen bei Bonensteffens. Der kleine Florian spricht das Tischgebet: „Komm Herr Jesus, sei unser Gast! Dann siehst Du, was Du uns bescheret hast! – Und bitte, lieba Gott, vielleicht überlechses Dir nochma und machs aus dem ollen Wiasing ein' Pott Pommes."

Mit „potus" bezeichneten die alten Römer eine Trinkschale oder einen größeren Becher, der manchem Mitteleuropäer im Vergleich zu den eigenen Trinkgefäßen wie ein Topf vorgekommen sein muss – kein Wunder, wenn man bedenkt, auf welch geringe Füllmengen die Gläser hierzulande ausgelegt sind (vgl. „Pinneken"). Jedenfalls entwickelte sich aus dem potus europaweit der Pott: Die Engländer und die Franzosen kennen ihn heute als „pot", die Dänen als „potte", die Schweden als „potta". Bei den Niederländern heißt der Erzeuger eines Topfes – welch ein schönes Wort! – „pottenbakker", also „Topfbäcker" = Töpfer.

Ganz allein sind wir Ostwestfalen mit der Verwendung des Pottes also nicht. Allerdings entwickelten sich sprachliche Differenzierungen wie z.B. der Gusspott (den man noch heute in jedem Laden kaufen kann, wenn auch nur unter seiner modernen Bezeichnung „Wok") oder der Pisspott (hochdeutsch „Nachtgeschirr" oder „Kammertopf").

Letzterer ist in der Redewendung „zu Potte kommen" (für „voran kommen, Fortschritte machen") gemeint. Vor der allgemeinen Verbreitung wassergespülter Toiletten gab es nämlich für Kranke, denen der weite Weg zum Abort auf dem Hof nicht zugemutet werden konnte, einen Krankenstuhl, einen Stuhl mit Öffnung in der Sitzfläche und einem darunter hängendem „Pott" (der Gang zu diesem Stuhl, also der „Stuhlgang", wurde zu einer sprachlichen Verhüllung der darauf folgenden Tätigkeit). Wenn der Patient nach längerer Zeit „endlich zu Potte kam", war das ein Grund zur Freude, wurde doch die wieder in Gang gekommene Darmtätigkeit als Zeichen der Besserung im Krankheitsverlauf gewertet.

Doch zuürck in die Küche. Da war noch der junge Mann aus Hövelhof, der immer, bevor er einen Schmorbraten in den „Bratenpott" legte, das Fleisch in der Mitte durchschnitt – wie er es von seiner Mutter gelernt hatte. Als ihn seine Frau nach dem Grund fragte, konnte er nur auf das Familienrezept verweisen, in dem es ausdrücklich hieß: „Den Braten in zwei Hälften teilen". Der Mann forschte nach. Seine Mutter hatte das Rezept von der Großmutter übernommen – aber keine der beiden Frauen wusste, warum der Braten zu halbieren sei. Das Originalrezept stamme jedoch von der Urgroßmutter, die müsse den Grund also kennen. Und tatsächlich, die 92-jährige Dame konnte das Küchenrätsel endlich auflösen und einen plausiblen Grund für die Bratenteilung nennen: „Bi us hats doch damals immer nua sso lütte Pötte gegehm. Anners hätt da doch sson großes Sstück ganich reingepasst!"

Soviel dazu. Im Folgenden lernen wir einige Pötte kennen, mit denen auch Kochmuffel bestimmt schon Bekanntschaft gemacht haben.

Lektion 22

Klüngelpott, der

Bedeutung: *(liebevolle) Beleidigung für jemanden, der trödelt, klüngelt, sich leicht ablenken lässt*

Anwendungsbeispiel: „Wenn mein Männe mal den Müll rausbring' soll, dann dauert das garantiert 'ne halbe Stunde. Das ist aber auch son richtigen Klüngelpott."

So wie die Eskimos – angeblich – Dutzende verschiedene Bezeichnungen für „Schnee" haben, kennt das Ostwestfälische eine Fülle von Ausdrücken für die Begrifflichkeit „es ruhig angehen lassen". Eine Arbeit ratz-fatz durchzuziehen, ist die Sache des Paderborners nicht, er erledigt sie lieber – nein, nicht etwa langsam, sondern sagen wir lieber: etappenweise. Oder auch bedächtig, gemächlich, behutsam, gelassen.

Lektion 23

Quasselpott, der

Bedeutung: *jemand, der im besten Fall viel, im schlimmsten Fall fortwährend redet*

Anwendungsbeispiel: In der Sportsbar während der Übertragung eines Auswärtsspiels des SC Paderborn: „Kär, wassen nervigen Reporter! Selbs inner Schweigeminute voam Anfiff hat der ein' zugeschwallt. Gegen diesen Quasselkopp war ja Gisela Schlüter ein Stummfilmstar!"

Die Berliner Schauspielerin und Moderatorin Gisela Schlüter (1919 – 1995), auch bekannt als „Lady Schnatterly", galt als die Quasselstrippe der Nation. In Paderborn gibt es eine mit der Quasselstrippe verwandte Spezies: den „Quasselpott".

Mit diesem Begriff tituliert man eine an Wortdurchfall leidende Person – wobei weniger die Person selbst darunter leidet, als vielmehr das soziale Umfeld. Der Quasselpott kommt nicht vom Hundertsten ins Tausendste, sondern vom Tausendsten ins Millionste. Als zusätzliches Anwendungsbeispiel möchten wir eine Anekdote bringen, die – obwohl das Wort „Quasselpott" in der Geschichte selbst gar nicht vorkommt – die Bedeutung der Vokabel in memoriam Gisela Schlüter gut verdeutlicht.

Da schleppt also Frau Lütkemeyer ihren Mann mit zum kirchlichen Beratungsgespräch, weil es in ihrer Ehe kriselt und sie hofft, dass der Pastor ihrem über die Ehejahre stur und lieblos gewordenen Gatten ins Gewissen reden kann. Bitterlich beklagt sie sich über ihren Mann: „Der tranklötige Keal hat vadorrich das ganze letzte Jahr nich ein Woat mit mir geredet!" Der Pastor zeigt sich bestürzt. „Wie kann denn so etwas sein?", fragt er den Ehemann vorwurfsvoll, „warum bloß haben sie mit ihrer Frau ein Jahr lang nicht gesprochen?" „Naja", antwortet Bauer Lütkemeyer daraufhin trocken, „ich wollt se halt nich unterbrechen."

Lektion 24

Knütterpott, der

Bedeutung: *ständig missgelaunte Person*

Anwendungsbeispiel: „Der aule Bitterberg is immer nöckelich und zieht ne Fleppe, als müsst' er gleich zur Schluckimpfung. Der is son richtigen Knütterpott."

Niemand kann sich davon freisprechen, bisweilen schlechte Laune zu haben. Wer allen Grund dazu hat, verdreht zu sein, darf auch mal rumnöhlen und kedderich sein. Wir alle kennen zum Beispiel das Gefühl an einem Montagmorgen: Der Wecker hat zu spät geschellt, das Frühstück muss ausfallen, dafür hat der Dackel Durchfall und das Auto springt nicht an, während es draußen ohne Ende pläddert – an einem solchen Morgen muss man jedem Menschen das Recht zugestehen, kurzzeitig knütterig zu sein.

Wer aber ausgeschlafen und satt an einem sonnigen Wochenende im Besitz eines Neuwagens und eines gesunden Hundes immer noch unzufrieden und sauertöpfisch daherkommt, der gilt als Knütterpott. Mitmenschen unterstellen dem so Titulierten die wenig schmeichelhaften Charakter-Kombinationen böse-brummig-bärbeißig, mürrisch-muffelig-missmutig und grantig-grimmig-griesgrämig.

Merke: Chronische Knütterigkeit wirkt gesellschaftlich isolierend!

Lektion 25

Meckerpott, der

Bedeutung: *an allem und jedem herummäkelnder, ständig nörgelnder Mensch*

Anwendungsbeispiel: „Was hat denn der Herr Gretenkord dazu gesacht, dass der Pfarrer seinen ertrinkenen Sohn aus dem Lippesee gerettet hat?" – „Er hat sich deabe bei ihm beschweat, weil die Mütze von dem Kleinen fehlte, der olle Meckerpott."

Sollten Sie selbst irgendwann – natürlich völlig unbegründet – als „Knütterpott" beschimpft werden, so raten wir Ihnen, diese Verbalattacke mit Gleichmut und Gelassenheit hinzunehmen und zu schweigen.

Die Alternativen dazu sind weniger zu empfehlen: Natürlich könnten Sie sich wortreich verteidigen und Ihre zahlreichen charakterlichen Vorzüge aufzählen, doch schnell gelten Sie dann als „Quasselpott", und ein solcher ist den mundfaulen Ostwestfalen seit jeher suspekt. Wenn Sie aber stattdessen zum Gegenangriff blasen und Ihren Gegenüber nun selber mit Vorwürfen torpedieren, so brächte Ihnen das doch nichts weiter ein als den zusätzlichen Ruf eines – genau: „Meckerpotts".

Sagen Sie also vorerst nichts. Schlimmstenfalls halten Sie Ihre Mitbürger dann für lethargisch, träge oder leidenschaftslos und nennen Sie fortan einen „Dramelpott" oder „Klüngelpott". Aber das sind die weitaus sympathischsten unter den Paderporner Pott-Präfixen, weit weniger ehrenrührig als die Alternativen Quassel-, Knütter- und Mecker-. Denn drämeln und dramlen (tagträumen) sowie klüngeln (es sachte angehen und keine unnötige Hektik aufkommen lassen) sind ja allzumenschliche Charaktereigenschaften. Das Meckern sollte den Ziegen vorbehalten bleiben.

Lektion 26

Schlinderbahn, die

Bedeutung: *selbstgemachte Eisbahn*

Anwendungsbeispiel: „Nä, wat is Bauer Schulte doch füa'n knickrigen Keal! Seine Blagen ham sich letztes Jahr zu Weihnachten was zu spielen gewünscht, und was ham se gekricht von ihm? Ein' Eima Wasser mit den Woaten: 'Da könnta Euch 'ne Schlindabahn von machen'!"

Die Schlinderbahn oder auch Schlunderbahn ist in ganz Nord- und Westeuropa beheimatet, wo sie sich allerdings nur in den Wintermonaten aufhält. In der freien Natur kommt sie auf zugefrorenen Bächen und Gräben vor, oft ist sie auch auf größeren – vormaligen – Pfützen zu finden. Schlinderbahnen haben sich perfekt an die menschliche Zivilisation angepasst; in unseren Städten bevölkern sie mit Vorliebe Bürgersteige und Spielstraßen, wo sie, anhaltende

Minusgrade vorausgesetzt, bis zu fünf Meter lang werden können. In der Nähe von Spielplätzen und Schulhöfen sind sogar schon doppelt so große Exemplare gesichtet worden.

Speziell in Paderborn sind Schlinderbahnen jedoch vom Aussterben bedroht. Schuld daran sind zu gleichen Teilen das milde Winterklima sowie die stetig zunehmende Population von Hausmeistern. Diese bekämpfen die oft erst wenige Stunden alten Schlinderbahnen rücksichtslos mit Sand und Streusalz. In Mönkeloh wurden daher ein künstliches Biotop angelegt: die Paderborner Eisbahn. Wer aber in der Innenstadt nicht nur schlendern, sondern auch schlindern bzw. schlundern will, muss es – auch bei Minusgraden – Bauer Schulte gleichtun und seinen Eimer Wasser selbst mitbringen.

schennen

Bedeutung: *ausschimpfen, keifen, motzen, verbal zusammenstauchen*

Anwendungsbeispiel: Ostwestfälische Weisheit: „Wills du, dass gemand dich lobt, muss du stärm (sterben). Wills du, dass gemand dich schennt, muss du heiratn."

Der Begriff „schennen" klingt urwestfälisch. Und in der Tat ist er in vielen hiesigen Mundart-Wörterbüchern aufgeführt. Kurioserweise findet man ihn aber auch in Sprachfibeln, die sich mit hessischer, fränkischer, plattdeutscher oder gar luxemburgischer Mundart beschäftigen – und jeder Verfasser meint, einen für seine Region typischen und einzigartigen Begriff aufgenommen zu haben. Wir halten also fest: Schennen ist sicherlich kein für Paderborn typischer Begriff, sehr wohl aber kann man typisch paderbörnsch schennen.

Dem schimpfwütigen Paderborner steht dazu eine eindrucksvolle Palette klangvoller Kraftausdrücke zur Verfügung. Natürlich kann man auch ohne deren Verwendung schennen, aber mehr Spaß macht es natürlich mit. Und man kennt das ja: Der Mann wirft seiner Frau etwas vor, die Frau wirft ihrem Mann etwas nach, und so wird die geplante Standpauke zu einem Disput, in dem beide das letzte Wort haben wollen. In einer solchen Situation empfiehlt es sich, einige wirkungsvolle Beleidigungen parat zu haben. Es verstärkt die Wirkung kolossal, wenn Sie die nachfolgend aufgeführten Schimpf-, Schelt- und Schmähwörter auswendig lernen und im Streitfall mit schneller und lauter werdender Stimme nacheinander aufsagen – aber bitte verraten Sie nicht, wo Sie solche Ausdrücke gelernt haben ...:

Blödhammel, Blödkerl, Bölkhannes, Bratze, Bollerkopp, Buxenpisser, Dämelack, Dölmer, Döskopp, Dreckschüppengesicht, Dummbatz, Dusseldier, Gesocks, Gierhals, Hammbummel, Hibbelhannes, Kakelfutt, Lauschöpper, Lausehund, Miesepeter, Mistkabel, Muckenplock, Möppel, Össelkopp, Pannemann & Söhne, Pansen, Pattjackel, Pottsau, olles Fickel, popeliges Puselchen, schlunzige Schluckeule, schmoddriger Schmierlapp, Schweinepuckel, Speckdeckel, Stiesel, Stükenstoffel, Stussmann, Subbel, Töffel, Tranfunzel!

Pieselotten, die

Bedeutung: *alte, unmoderne, unordentliche Kleidung, Klamotten, Klamottenhaufen*

Anwendungsbeispiel (1): „Was soll das heißen, an deiner Buxe is kein Veargang dran? Da is doch schon der Knopp von ab. Du hass bloß keine Lusten, mit mir einkaufen zu gehen. Mit deine Pieselotten am Leib siesse derart schlunzich aus, dass ich mich schon für Dich fremdschääm."

Anwendungsbeispiel (2): Das Gothic-Girl fragt die Verkäuferin nach der Anprobe bei Klingenthal: „Kann ich diese Pieselotten umtauschen, falls sie meinen Eltern gefallen sollten?"

Mit Pieselotten (oder auch Plüdden und Klabissen) bezeichnet man ganz allgemein Kleidung, die ihren Zweck nur unzureichend erfüllt, sei es, weil sie nicht dort liegt, wo sie hingehört („Anton, räum deine Pieselotten aussem Fluar!"), sei es, weil sie zwar dort liegt, wo sie hingehört, aber – zumindest subjektiv gesehen – nicht zum Anziehen taugt („Hach, Frau Scharfenberg, ich sach es Ihn', es ist alles so fuarchtbar: Am Samstach is Gebuatstachsfeier von mein Georch sein Kusäng und ich hab nur Plüdden im Schrank!"), sei es, weil sie schon ein bisschen vermackelt ist („Wenn ich schon seh, wie Du da das Loch in Deine Socken zusammengeprüht hast, statt das väanünftich mit kreuzweisen Fäden zu schließen – nee, also wiaklich, da kannste die Pieselotten auch gleich wechschmeißn.") oder sei es, weil sie etwas aus der Mode gekommen ist („Der Ferdi hat ja getz son Krösken am Start – dem seine Neue, das is son Puselchen, die trächt Pieselotten, die hätt unser Omma nache Altkleidersammlung hingebracht.").

Merke: Tragen tun Pieselotten immer nur die anderen. Die eigene Kleidung definiert dagegen, was modisch auf der Höhe der Zeit ist. Allerdings kann, was heute als chic gilt, schon morgen ein Lacherfolg sein – wo wüsste man das besser als in Ostwestfalen-Lippe, einem traditionellen Zentrum der Textilindustrie. Die heimischen Unternehmen von Seidensticker über Klingenthal bis Gerry Weber leben davon, dass selbst hochwertige Markenartikel irgendwann nur noch Pieselotten sind. Gerüchteweise arbeitet man in diesen Unternehmen bereits daran, die Kleidungsstücke mit einem Verfallsdatum zu versehen, damit wir Kunden wissen, wann die Klotten unmodern werden.

Wobei aus der Mode Gekommenes auch der Mode voraus sein kann. „Ein Kleid, das sie heute einen Schlafrock nennen, tragen sie morgen zum Tanze und umgekehrt", so erkannte Heinrich von Kleist schon vor mehr als 200 Jahren die Gesetzmäßigkeiten der Branche. Die unmodern gewordenen Pieselotten im Schrank muss man also nicht entsorgen, irgendwann sind sie wieder voll angesagt. Und wegschmeißen sollte man unbeschädigte (!) Hemden, Hosen, Jacken und Schuhe ohnehin nicht, sondern dem obigen Beispiel von „unse Omma" folgen und sie für einen guten Zweck kostenlos weggeben.

Pillepoppen, die

Bedeutung: *Kaulquappen*

Anwendungsbeispiel: „Guck mal, Mami, da schwimmen Baby-Fische!" – „Das sind keine Fische, das sind Pillepoppen."

Es gibt wohl keine ostwestfälische Vokabel, über die sich Auswärtige derart amüsieren können, wie die in fremden Ohren kurios klingenden „Pillepoppen". Für Einheimische ist es höchst vergnüglich, Zugereiste die Bedeutung des Wortes raten zu lassen. An dieser Stelle sei gleich gesagt: Nein, trotz seiner Bestandteile „Pille" und „poppen" hat der Begriff nichts mit Schwangerschaftsverhütung zu tun. Im Gegenteil, er steht eher für ungezügelte Vermehrung. Das heißt, er stand dafür. Denn einige Froscharten sind leider rar geworden in den Teichen und Tümpeln Paderborns.

Es gibt immer weniger Pillepoppen und deshalb auch immer weniger Kinder in OWL, die diese Vokabel kennen. Für das Überleben der Pillepoppen setzen sich in Paderborn die Naturschützer der Biologischen Station Kreis Paderborn-Senne ein. Sie stellen z.B. zwischen Thune, Altensenner- und Lippesee Amphibienschutzzäune auf, um wandernde Frösche und Kröten einsammeln und sicher über die Hermann-Löns-Straße oder den Diebesweg zu den Laichgewässern tragen zu können. Immerhin zum sprachlichen Überleben des Wortes „Pillepoppen" tragen einige Erzieherinnen und Erzieher bei, die den Namen für ihre Krabbel- oder Kindergartengruppe gewählt haben.

Mancherorts sind die Pillepoppen auch als Pillepoggen bekannt, was die Erklärung der Wortherkunft vereinfacht: Poggen ist der plattdeutsche Ausdruck für Frösche. Ältere Leser kennen vielleicht noch das früher sehr bekannte Kindergedicht des Ahlener Mundartdichters Augustin Wibbelt über das Fröschlein mit der grünen Hose: „Pöggsken sitt in'n Sunnenschien / met de gröne Bücks!" „Pille" ist ein Ausdruck für etwas Kleines, wie man es aus den Wörtern pillepalle oder Pillemann kennt.

Wer den hochdeutschen Begriff „Kaulquappen" in eine Internet-Suchmaschine eintippt, macht eine erstaunliche Feststellung. Nicht nur Webseiten von Naturschutzverbänden und Landschaftsbehörden finden sich in der Ergebnisliste, sondern auch wissenschaftliche Artikel, die sich mit Weltraumforschung befassen. In regelmäßigen Abständen werden nämlich immer wieder Froschlarven ins All geschossen, um den Einfluss der Schwerelosigkeit auf die Entwicklung des Lebens zu erforschen – wofür auch immer das gut sein mag. Außerdem gibt es 420 Millionen Lichtjahre von der Biologischen Station Kreis Paderborn-Senne entfernt tatsächlich eine Kaulquappen-Galaxie, so genannt wegen ihres langgezogenen Spiralarms, der ihr das entsprechende Aussehen verleiht.

Das alles ist ein schwacher Trost für das Froschsterben, gibt aber vielleicht auch Anlass zur Hoffnung: Mögen die Tiere aus unseren Bächen auch langsam verschwinden, in den Tiefen des Alls gibt es eine Zukunft für sie – an Bord einer Weltraumkapsel im Sternbild Pillepoppen.

Kavenzmann, der

Bedeutung: *(1) großer Gegenstand, (2) großes Tier, (3) großer, muskulöser Mensch mit imposanter Erscheinung*

Die entsprechenden Anwendungsbeispiele:

Zu (1). Beim Schwimmerball tuscheln zwei Servierdamen: „Hasse gessehn, was die Frau in dem rosanen Kleid füa ne Kette träächt? Der Brilljant-Klunker da dran is ja faustdick!" – „Aber wiaklich! Ich frach mich schon den ganzen Aamd, was der Ömmes wiecht! Mit ssonnem Kavenzmann ummen Hals krisse ja nen Bandscheibenvoafall!"

Zu (2). Gespräch unter zwei Mitgliedern des Sportanglervereins Paderborn 1886: „Du, ich waa gestan am Lippesee und hab da einen Hecht rausgeholt, der war bestimmt eins-fuffzich lang!" – „Das is ja nix. Ich hab da voagestan ein Fahrrad rausgeholt, an dem hat noch das Licht gebrannt!" – „Ach, red doch

Kär Kär, das is kein Bauch, das'n Kawenzmann!

kein' Stuss. Du willst mich wohl veagackeiern." – „Gut, dann
mach ich dir'n Voaschlag: Wenn du dein' angeblichen Kavenzmann auf sibbzich Zentimeter küazt, mach ich bei mir am
Fahrrad das Licht aus."

Zu (3). Szenen einer Ehe in der Westernstraße: „Tu doch was,
Hans-Georch, der Typ da anna Spielhalle, der hat mich eben
angerempelt, ich wäa fast gestüazt!" – „Bleib ruich, Eana, dem
Dämelack wead ich mal sso richtich deabe eine schallern, bis
dass er weiß, was sich chehöat! Welcher von den Käalen waar
es denn? Das spillerige Männchen da mit der Pleete auffem
Kopp?" – „Nää, daneben der Kavenzmann!" – „Ach so... ker,
das hat der doch bestimmt nich extra chemacht. Da hab ma
nix bei ..."

Der Begriff kommt vom lateinischen „cavere", was „Sicherheit
geben" oder „sorgen für" bedeutet. Caventsmänner waren Ge-
währsmänner und Bürgen. Gerade für letztere kamen nur entsprechend wohlhabende Mitbürger in Betracht, deren Wohl-
stand nicht selten ein gewisser Leibesumfang dokumentierte.
Ein Caventsmann war also oft ein stattlicher Mann, um nicht
zu sagen ein „dicker Brocken", was sich auf andere Personen
und Gegenstände von beachtlichem Ausmaß übertrug.

Lektion 31

Schlür/Schlürschluck/auf Schlür sein

1. Schlür, die

Bedeutung: *reicht vom nachmittaglichen Stadtbummel bis
zur nächtlichen Zechtour*

Das Verb „schlüren" hat im Ostwestfälischen drei Bedeutungen:

1. *vernachlässigen, schleifen lassen:* „Der Willi, der lässt das aber mit seiner Diät nen bissken schlüren – getz hadder sich doch tatsächlich zum Pfannkuchen-Wettessen angemeldet!"

2. *schleppen:* „Hömma, wenn du der Keastin zur Konfiamazon unbedingt das Schülalexikon schenken willst – meinswegen. Dann biss du das aber auch, der das nachen Paakhaus hinträcht. Ich hab nämmich keine Lusten, 'ne halbe Bibjothek durche Stadt zu schlüren!"

3. *umherstreifen, bummeln, sich ohne bestimmtes Ziel fortbewegen:* „Den ganzen Tach vora Glotze sitzen – das is' ungesund und langweilich. Komm, lass ma'n Stündken duarche Citty schlüren, dann kriegen wir wenichstens 'n bissken Bewegung beim Langweiln."

Erst- und letztgenannte Bedeutung findet sich wieder im „Schlürpott" – als solchen bezeichnet man einen eher langsamen Menschen, der sich gerne etwas ausruht, bevor er müde wird.

2. Schlürschluck, der

Bedeutung: *Abschiedstrunk*

Anwendungsbeispiel: Am Stammtisch ist es spät geworden, als der Erste gehen will. „Gerade ma' halb drei, und du willst schon wech?! Mehr als wie vier Halbe und siem Pinneken Wacholder haste doch noch gaa nich' getrunken. Komm, wenigstens 'nen Schlürschluck nimmste noch!" –

„Nee, ich muss los. Mein Chef hat gesacht, ich soll mehr auf die Dissiplin achten. Als Pilot muss ich pünktlich um halb fümf aufstehn!"

Zu den bekanntesten Werken des Liedermachers Reinhard Mey gehört seine Hymne auf die Freundschaft: „Gute Nacht, Freunde, es wird Zeit für mich zu gehen. / Was ich noch zu sagen hätte, dauert eine Zigarette / und ein letztes Glas im Stehen." Zwei Dinge werden deutlich: 1. Mey schrieb das Lied 1974, als es noch keine Diskussionen um das Rauchen gab. Bei aktuellen Auftritten dürfte er den Refrain eigentlich nur in der politisch korrekten, wenn auch etwas holprigen Fassung singen: „Was ich noch zu sagen hätte, hätte früher die Dauer einer Zigarette in Anspruch genommen." Im Sinne dieser Lektion ist aber die zweite Erkenntnis wichtiger: Mey ist kein Ostwestfale. Wäre er Paderborner statt Berliner, hätte er für sein Lied das wohlklingende Wort „Schlürschluck" zur Verfügung gehabt.

Der Schlürschluck bezeichnet das letzte, oft bereits im Stehen eingenommene Getränk vor der endgültigen Verab-schiedung („cin' füar untei wechis"). Meist serviert der Gastgeber dabei Alkohol – ein Glas Möhrensaft als Abschiedstrunk ist eher eine Ausnahme. Und doch steckt in dem Begriff „Schlürschluck" bereits die Mahnung nach einem verant-wortungsvollen Umgang mit alkoholischen Getränken, ist doch die Einladung zum Schlürschluck am Ende nichts anderes als die strikte Anordnung „Hände weg vom

Steuer!" Schließlich heißt schlüren „umherschlendern".
Nach einem Schlürschluck soll man also schlüren und nicht
Autofahren – sonst hieße es ja „Fahrschluck".

Da Mey sein Lied wegen der Rauchverbot-Debatte ohnehin
umtexten muss, sollte er am besten gleich über eine ostwestfälische Version nachdenken, auch wenn die Reime auf
Schlürschluck begrenzt sind. Zumindest der Titel schriebe
sich quasi von selbst: „Gute Nacht, Freunde, ich bin füar
heut da duarch".

3. auf Schlür sein

Bedeutung: *unterwegs sein, umherziehen*

Wir erinnern uns (es ist ja nicht allzu lange her): „schlüren"
heißt – unter anderem – umherstreifen, bummeln, sich
ohne bestimmtes Ziel fortbewegen. Auf diese Bedeutung
bezieht sich die „Schlür", wenngleich man von jemandem,
der „auf Schlür" geht, nicht behaupten kann, er tue dies
„ohne bestimmtes Ziel". Ziel ist nämlich ganz klar, sich
einen zu picheln, und die „Schlür" drückt höchstens aus,
dass die genaue Route, sprich die Reihenfolge der Gaststät-
ten-Begehungen, noch nicht festgelegt ist.

Wir verdeutlichen die Wortbedeutung durch ein Anwendungsbeispiel. Frau Eikel findet ihren Nachbarn, Herrn
Humberg, vollkommen aufgelöst (auf gut Paderbornerisch:
„völlich fäatich") vor dem Hauptbahnhof sitzen. Besorgt
fragt sie: „Herr Humberch, was issen mit Sie? Fühlnse sich
kodderich?" Der verzweifelter Ehemann erklärt: „Ach, wenn
es das nur wäre! Meine Gisela waa doch auf Kuar in Bad
Dribuarch. Und getz um vieare sollt ich se abholn – und sie

is nich im Zuch gewesen! Was mach ich denn getz nur!?"
Frau Eikel versucht zu beruhigen: „Käa, da is doch nix bei.
Dann nimmtse halt den nächsten. Oder vielleicht hattse es
auch ohne Sie einfach nich mehr ausgehalten – is doch
möchlich?! Bestimmt hattse schon den Drei-Uhr-Zuch ge-
nomm', sitzt schon längst wieder bei Ihnen zuhaus im Gaaten und erwaatet Sie sehnsüchtichst!" Worauf Herr Humberg, dem Böses schwant, die Hände über dem Kopf zusam-
menschlägt und jammert: „Das isses ja ehm! Vielleicht isse
ja sogaa schon seit voagestan wieder zuhause – ich war ja
die letzten drei Tage auf Schlür …"

Lektion 32

Schmacht, der

Bedeutung: *Hunger*

Anwendungsbeispiel: „Mein Maagn, der knuuat! Ich hab
sseit gesstan Mittach nix gegessen!" – „Warum denn bloß?"
– „Heute Ahmd is doch Paaty bei Gürjen, und der schuldet
mia noch fuffzich Euro. Mit dem Schmacht, den ich getz
hab, hol ich mir die locker am Büffet wieder zurück!"

Mit „schmachten" bezeichneten die alten Germanen, wenn
etwas an Umfang einbüßte, schwach wurde oder gar komplett verschwand. So konnte die Kampfkraft eines Römer-
heeres überraschend schnell schmachten, wenn dessen
Marschroute durch den Teutoburger Wald verlief. An Umfang verlieren, schwächeln und schwinden – in genau dieser Reihenfolge reagiert auch der Körper auf anhaltenden

Essensentzug. Im Mittelalter ließen Missernten und Vieh-
sterben die Lebensmittelversorgung zusammenbrechen, so
dass „Schmacht" nun ausschließlich auf Hunger bezogen
wurde: Wer nach Brot „schmachtete", war schwer hunger-
leidend; jemand, der „schmächtig" war, sah nicht bloß etwas
kleiner und dünner aus als seine Mitmenschen, sondern war
lebensbedrohlich unterernährt.

Im 18. Jahrhundert wandelte sich die Bedeutung des Verbs
„schmachten" erneut. Wurde bislang nur nach Brot ge-
schmachtet, übertrug sich das sehnsuchtsvolle Verlangen
nach Laiben auf das nach Leibern. Das schwärmerische
„Anschmachten" als Ausdruck von unerfülltem Liebes-
Hunger, auf Popkonzerten formvollendet von jungen Mädchen in der ersten Reihe dargeboten, gilt heute den halb-
nackten Sängern einer Boygroup.

Herr Ohbah! Noch
zweima dasselbe!

Raucher verbinden mit „Schmacht" auch das Verlangen nach einer Zigarette. Ein Kettenraucher, der beschlossen hat, mit dem Qualmen aufzuhören, weil er wegen seines Glimmstengelkonsums mittlerweile beim Husten die Straße teeren kann, bekommt spätestens in der zweiten Viertelstunde seines Entzuges „Lungenschmacht".

Das Hauptwort „Schmacht" für „Hunger" kennt der aktuelle Duden nicht mehr. In Paderborn ist es noch sehr verbreitet – offensichtlich gibt es selbst in der Brot- und Bierstadt Paderborn Menschen, die freiwillig Diät halten. Wer keine Schlachtplatten isst, muss sich vorwerfen lassen, dass er ein Schmachtlappen ist. Die Paderborner Gourmets, die Schmecklecker, haben nämlich für solch selbstkasteiende Entsagungen kein Verständnis. Ihr Motto lautet: „Besser vor Bauch nicht liegen als vor Schmacht nicht schlafen können."

Wenn aber trotz ständiger Nahrungszufuhr der Magen grummelt, dann mag die Liebe daran Schuld sein (bzw. auf Paderbörnsch: „kann die Liebe das in Schuld sein"). Denn die Liebe geht nicht nur durch den Magen, sie kann auch auf denselbigen schlagen. Einem verliebten Jüngling inspirierte sein Liebeskummer einst zu folgendem berühmten Werk, das längst seinen Weg in den Hausschatz westfälischer Lyrik gefunden hat:

> *„Morgens zum Frühstück kann ich nichts essen,*
> *weil ich immerzu an Dich denke.*
> *Mittags bei Tische kann ich nichts essen,*
> *weil ich immerzu an Dich denke*
> *Abends zur Vesper kann ich nichts essen,*
> *weil ich immerzu an Dich denke.*
> *Nächtens im Bette kann ich nicht schlafen,*
> *weil ich dann so richtich deabe Schmacht hab."*

tüddelig

Bedeutung: *zerstreut, verwirrt, vergesslich, schusselig*

Anwendungsbeispiel: Kaffeetrinken bei Großvater Fröhleke im Kreise der Familie. Enkel Marius flüstert seiner neuen Freundin zu: „Unser Oppa, der iss ja schon so beie fümmunsippzich und wiad getz doch langsam tüddelich in Kopp. Der veagisst immer alles!" Darauf der Gastgeber: „Das habbich gehöat! Euer Gerede ist völliger Tüddelkram. Dir sollten se mal den Bregen enttüddeln. Und apropos veagessen: Deinen Erbteil, den kannze veagessen!"

Im norddeutschen Raum kennt man „Tüddelband" (von „tüddeln" = wickeln, binden) als Bezeichnung für Paketband oder auch für Bindfaden. Kinder, vornemlich „Deerns", können mit dem Tüddelband „abnehmen" spielen: Ein Kind flechtet mit dem Faden ein komplexes Muster zwischen die gespreizten Finger, ein anderes muss versuchen, dieses Fadengewühl auf seine Finger zu übernehmen. Auch wenn der Begriff Tüddelband hierzulande nicht gebräuchlich ist – dass man sich bei dieser feinmotorisch anspruchsvollen, äußerst friemeligen Aufgabe leicht vertüddeln kann, dass verstehen auch westfälische Wonneproppen.

Vertüddeln heißt also, etwas durcheinander geraten lassen. Wenn das den eigenen Verstand betrifft, ist man „tüddelig" (oder auch „in Tödder"). Der Tüddelichkeitsgrad reicht dabei vom Unausgeschlafensein („Moagens nachem Aufstehen bin ich immer east noch son bissken tüddelich.")

bis zur Alzheimer-Erkrankung („Du ahnz ja nich, wer so tüddelich gewoaden is, dass er sich an nix und nieman'n mehr erinnern kann! Und zwar is das der Dingens… äh, der… getz fällt mia doch der Name vadori nich ein …").

Großvater Fröhleke hingegen ist weder schwerhörig noch durcheinander, auch wenn die Familie ihm das hartnäckig unterstellt. Nur was Herz und Kreislauf betrifft, da geht es dem Mann, dem die letzten Monate immer ganz schwummelich wurde, gar nicht gut. Schlimmer noch. An seinem Bett stehen sein Sohn, der Arzt und der Pastor, und alle haben berechtigte Sorge, ob Fröhleke senior nicht doch bald „die Döppen dichtmacht und auf dem Dören zu liegen kommt", wie es Enkel Marius in unangebrachter Flapsigkeit ausdrückt.

Doch noch ist es nicht soweit. Im Gegenteil, Fröhleke öffnet, auch wenn ihm das sichtlich Mühe bereitet, die Augen. Quälend langsam, Wort für Wort, krechzt er leise: „Johann, mein Sohn… Ich bin nich mehr lange… Sieh du bloß zu,… dass du die 500 Euro von Große-Perdekamp wiederkrichst, die ich ihm geliehn hab." Johann Fröhleke ist gerührt: „Vater, dass Du selbst in diesem Augenblick so treusorgend an mich denkst …"

„Da man nich für …", spricht der Alte weiter, „mit den 500 Euro gehs' du dann zum aulen Hillemeyer hin … dem schulde ich die nämmich noch." Worauf sich sein Sohn gedankenschnell dem Arzt zuwendet: „Herr Doktor, isses nich fuarchtbar? Eben wara völlich klar im Kopp, und getz issa wieder total tüddelich!"

waam, muckelich und bullenheiß

Hitze ist eine subjektive Empfindung. In Paderborn löst das
Wort bei verschiedenen Einwohnern völlig unterschiedliche
Vorstellungen aus. Für die Schüler des Theodorianums sind
35 Grad heiß genug, um „hitzefrei" zu fordern – eine Tem-
peratur, die die Bäckermeister Lange, Goeken und Zarnitz
völlig kalt lässt. Sie verstehen unter „Hitze" mindestens 200
Grad auf mittlerer Schiene, während die in Sennelager stationierten Briten schon alle Außentemperaturen über 10 Grad
als Hitze definieren und deshalb ab Mitte Februar nur noch
ärmellose Shirts tragen.

Um solche sprachlichen Ungenauigkeiten zu vermeiden,
kennt der Ostwestfale zumindest für die gängigen Luft-
temperaturen klare begriffliche Abgrenzungen. Fangen wir,
zum Warm-up, mit den niedrigen Wärmegraden an: Von

17 bis 22 Grad ist es angenehm temperiert, sprich: „waam".
Ist es wärmer als „waam", dann ist es „mollich" oder „muckelich". Das kann als behaglich empfunden werden („Im Bett ist
es so schön mollich!"), aber auch als übertrieben („Kerr, ihr
habt's aber muckelich waam bei euch inna Wohnung – wollt
ihr hiea 'ne Sauna aufmachen?").

Ist es so warm, dass die Grenze zur Erträglichkeit schon über-
schritten wurde, ist es „bullenheiß". Weil Paderborn nicht
in der subtropischen Klimazone liegt, sind an einer solchen
Temperaturentwicklung meist künstliche Faktoren schuld
(„Vadorrich, wäand wir wech waan, is das Teamostaat inne
Wicken gegangn – getzt hat die Heizung den ganzen Ualaub
durchgebullert!").

Doch manchmal hat die Hitze auch natürliche Ursachen –
und unnatürliche Wirkungen. Über den Jahrhundertsommer
2003, als das Thermometer selbst im Schatten des Doms 40
Grad anzeigte, weiß Bauer Sandhagen zu berichten: „Som-
mertach waa hiea ssonne Bullenhitze, dass die Hühna haat-
gekochte Eia gelecht ham!"

Töle, die

Bedeutung: *(Mischlings-)Hund, Straßenköter*

Anwendungsbeispiel: „Ihr Hund sieht aber nicht gerade
reinrassig aus. Hat der überhaupt einen Stammbaum?" –
„Nä, die olle Töle pinkelt übaall hin."

„Je mehr ich von den Menschen sehe, umso lieber habe ich meinen Hund", bemerkte schon Friedrich der Große, der dabei allerdings keine dahergelaufene Töle, sondern seinen reinrassigen Jagdhund im Sinn gehabt haben dürfte. Wobei gerade Tölen, die Cocktails unter den Hunden, zu den liebenswertesten Haustieren überhaupt zählen. Und was heißt schon „reinrassig"? In gewisser Weise sind Tölen (und Tiften, die weibliche Form) ganz besonders reinrassig, schließlich vereinen sie gleich mehrere reine Rassen in sich. Immer mehr Hundebesitzer halten lieber einen gentechnisch gut durchgewürfelten Mischlingsmischling als einen überzüchteten Rassehund.

Töle mit Stammbaum ...

So teilen viele Hundefans die Ansicht des Preußenkönigs über Tiere und Menschen, selbst wenn ihr Moppelpinscher keinen Stammbaum aufweist, der bis Cerberus zurückreicht. Erinnert werden darf in diesem Zusammenhang an die überlieferte Tierliebe des Marienloher Veterinärs Anton Kuhlenkamp zu seinem Frido, einem ganz gewöhnlichen Pudelmischling. Der Vierbeiner lief an einem Februartag auf das dünne Eis der zugefrorenen Beke, brach ein und schaffte es aus eigener Kraft nicht, sich aus der lebensbedrohlichen Lage zu befreien. Kuhlenkamp fasste sich seinerzeit ein Herz, zerbrach mit einem Stock die Eisdecke und watete hüfttief durchs Wasser, um seinen Hund zu retten.

Ein Passant, der die bemerkenswerte Aktion beobachtet hatte, wunderte sich über diesen selbstlosen Einsatz: „Füa ssonne lausige Töle ins Wasser spring', das hätten aba die meisten Leute, die ich sso kenn, nich chemacht." Worauf Kuhlenkamp, obwohl völlig durchnässt, recht trocken bemerkte: „Für die meisten Leute, die ich so kenne, hätte ich das auch nicht gemacht."

Lektion 36

Schluffen, der

Bedeutung: *Pantoffeln*

Anwendungsbeispiel: Philosophie im Alltag: „Wenn du ein Paar Schluffen hass, und den einen Schluffen davon hasse nich mehr, sondean du hass nur den andern Schluffen – dann hasse von allen beiden Schluffen nix!"

Um den gemütlichen Teil des Abends einzuläuten, wechselt der Paderborner seine am Tage getragene Kleidung gegen einen Polter. Meist besteht die „ostwestfälische Abendgarderobe" aus einem Dreireiher: Das vom Abendessen gespannte Bäuchlein wärmt ein Wämmsken, eine Beckenentzündung verhindert die Schlafbuxe, und damit es auch die Füße schön muckelich haben, trägt man Puschen, Schlappen oder Schluffen.

In den Paderborner Villen entlang der Mallinckrodtstraße oder den Herrenhäusern in Bad Lippspringe ist dies fast genauso – allerdings eben nur fast.

In den nobleren Kreisen des Kreises trägt man nämlich nach dem Dinner ein Nachtgewand und eine Pyjama-Hose sowie Hausschuhe, Samtfutter-Mokassins oder Elchleder-Pantoletten.

Elchleder-Pantoletten sehen aus wie Schluffen, kosten aber das Dreißigfache. Das muss einen Grund haben. Und in der Tat, alle Hausschuhe leisten ihren Trägern gute Dienste: Läutet es in einer Villa am späten Abend (nach Dienstschluss des Hauspersonals) noch an der Eingangspforte, so ist es dem Hausherrn dank seiner Hausschuhe möglich, sich behenden Schrittes und geräuscharm über den Pakettfußboden zu bewegen, die Mamortreppe hinabzueilen und den Besuch zu empfangen.

Ein Schluffenträger kann das nicht. Nicht nur in Ermangelung einer Marmortreppe, sondern auch, weil er Schluffen trägt. Denn mit Schluffen geht nichts bzw. niemand behende und geräuscharm, im Gegenteil. Dafür bieten sich andere

Produktvorzüge: Schellt es bei einem Schluffenträger noch nach neun an der Tür, so ist es diesem dank seiner Schluffen möglich, vom Fernsehsessel zur Wohnzimmertür zu schluffen bzw. zu schluffkern bzw. zu schuffeln, d.h. ohne Eile und ohne je dabei den Kontakt zwischen Sohle und Fußboden abreißen zu lassen, durch das Zimmer zu schlurfen und das Licht auszuknipsen, bis der Besuch wieder abzieht. Der Vorteil gegenüber Hausschuhen ist offensichtlich.

Merke: Schluffen sind bequemer. Schluffenträger auch.

Lektion 37

weg

Bedeutung: *her*

Anwendungsbeispiel: „Haste schon gehöat? Der Sohn von Jöstingmeyers heiratet – ein gewisses Fräulein Lüchow." – „Na, das ist aber keine Gebüatige. Wo kommt die denn uasprünglich weg?"

Die Verwendung des Partikels „weg" (bzw. genauer: „weech") anstelle des im Rest der Republik benutzten „her" ist eine der wenigen sprachlichen Eigenarten, die der Ostwestfale bewusst verwendet, ja, die er kultiviert hat und auf die er zurecht stolz ist. Während er in Gesprächen mit Auswärtigen durchaus diskussionsbereit ist, ob die Bezeichnung „Real" für ein Büchergestell eventuell ein „g" zuwenig enthält, bleibt er stur, wenn es darum geht, „wegkommen" statt „herkommen" zu sagen.

Diese scheinbare Unbelehrbarkeit entspringt der Überzeugung, die einzig richtige Vokabel zu verwenden. Denn wenn jemand irgendwo herkommt, dann ist er ja nicht mehr dort, wo er ursprünglich war, sondern fehlt an jenem Ort – folglich ist er dort weg.

So weit, so logisch – das kann auch der erst kürzlich zugezogene Neu-Paderborner nachvollziehen und schnell in seinen Sprachschatz übernehmen. Doch neben einfachen Anwendungen wie „Wo kricht man denn in Büren günstich 'nen Polter wech?" gibt es auch schwierigere Satzkonstruktionen. So kann z.B. „wechkommen" auch ein Kombination aus „herkommen" und „weggehen" sein, z.B. wenn eine Mutter ihren Steppke beim Spielen in einer Mülltonne erwischt und ihn mit einem „Komm da sofort bei wech!" zu sich zitiert. Aber das lernen wir dann im Fortgeschrittenenkursus.

Lektion 38

wullacken

Bedeutung: *sprachgeschichtlich wohl eine Zusammensetzung aus „wühlen" und „ackern", d.h. körperlich hart arbeiten, schuften*

Anwendungsbeispiel: „Käar, der Helmut malocht sich nomma tot. Erss wullackt er auffe Schicht, als ob er allein fürs Bruttosozialprodukt verantwortlich gemacht würde, und danaach wullackt er in seim Gaaten und buddelt inne Beete, als wenns da Erdöl zu finn' gäb."

In unserem Sprachkurs nehmen wir auch Vokabeln durch, die im Alltagsleben des typischen Paderborners nicht täglich vorkommen. Zwar wird jeder Arbeitnehmer von sich behaupten, hart zu arbeiten. Aber nicht jeder darf sagen, er wäre „so richtig dearbe am Wullacken". Ein Sozialversicherungsfachangestellter wullackt nicht, und ein Wertpapierverwalter ist kein Malocher im klassischen Sinn. Auch Studienräte, Steuerberater und Buchautoren stehen nicht mit Schüppe, Schubkarre und Spitzhacke knietief im Bausand, stapeln Findlinge und wuchten Bruchsteine zu Mauerwerk. Ihre Berufswahl büßend gehen sie nach Feierabend ins Fitnessstudio, um sich dort für viel Geld auf Laufbändern, Hantelbanken und anderen Wullacksimulatoren ihren Körper mit Schweiß überströmen zu lassen und Schwielen an den Gliedmaßen zu holen.

In ihrem Arbeitsalltag wullacken sie dagegen nicht wirklich, obschon viele versuchen, durch erhöhten Arbeitseinsatz die Karriereleiter hochzuklettern. Das klingt nach aktiver körperlicher Betätigung. Aber flötepiepen! Meist sind gerade bei Menschen in höheren Positionen Bewegungen nur noch auf dem Bankkonto zu beobachten, das damit so fett wird wie die Herzkranzgefäße des Besitzers.

Bedeutet dies im Umkehrschluss, das reine „Wullacker" erfolglos bleiben und stets das Nachsehen haben gegenüber Menschen mit organisierenden oder rhetorischen Fähigkeiten? Mitnichten, wie ein Blick in die Paderborner Arbeitswelt um 1900 zeigt. Damals suchte ein Bauherr einen gestandenen Fachbetrieb, dessen Müerker (wie die Maurer in Paderborn genannt wurden) die Pläne zu seinem neuen Haus umsetzen sollten. Zwei Bauunternehmer kamen in seine engere Wahl, die er zu einem gemeinsamen Termin einlud: Johann Hartmann und Hermann Niggemeyer.

Hartmann sprach lange und überzeugend, erläuterte seine
Referenzen, pries in bildreicher Sprache die eherne Qualität
seiner Gebäude und untermauerte durch die Aufzählung
von Referenzen die Kompetenz seiner Arbeiter in Sachen
Hausbau. Als Niggemeyer endlich drankam, sagte der nur
kurz:»So gut wie der Hartmann reden kann, so tüchtich
weärn meine Männer wullacken.«

Niggemeyer bekam den Auftrag.

Lektion 39

Düppe und Henkelmann

Bedeutung: *Essensbehältnis aus Metall mit einem Henkel
zum Tragen*

Anwendungsbeispiel: „Ich krich'n Schlach! Da hat mir
doch gemand vadori nochma mein Mettendken aussem
Henkelmann gemopst!" – „Woher weisse denn, dass dir
deine Gerda 'n Mettendken dabeigetan hatte?" – „Na, ich
seh doch noch den Abdruck inner Earbsensuppe!"

Der Begriff „Düppe" für einen tragbaren Essensbehälter
wird heute viel zu selten benutzt – was daran liegen mag,
dass tragbare Essensbehälter selbst etwas aus der Mode gekommen sind. Sehr wohl aber ist noch der „Henkelmann"
geläufig, auch wenn das keine typisch ostwestfälische Vokabel ist. Dieser Ausdruck für den Tragetopf findet republik-
weit Verwendung, zumal dieser als Feldkochgeschirr auch
bei der Bundeswehr zum Einsatz kommt.

Ursprünglich wurde der Henkelmann von Bergleuten entwickelt (von denen es ja in Paderborn nicht gerade über-
mäßig viele gibt), um zu Hause gekochtes Mittagessen mit
auf die Schicht nehmen zu können. Schon bald waren die
Blechkannen in allen industriellen Betrieben zu finden, wo
die Arbeiter in den Kantinen ihr mitgebrachtes Essen in
einem Wasserbad erhitzen konnten.

Trotzdem oder gerade deshalb war nicht allen Bürgern,
gerade solchen aus vermeintlich gebildeteren Schichten,
bekannt, was ein Henkelmann ist – wie dem Richter am
Paderborner Landgericht, der sich einst bei der Verneh-
mung eines Zeugen die intellektuelle Blöße gab. Bei Bente-
ler hatte es einen Arbeitsunfall gegeben, und zur Klärung
der Umstände sollte der Maschinist Schniedermeier die
Ereignisse aus seiner Sicht schildern. „Also, ich war just
mit dem Henkelmann auf dem Weech in die Küche", setzte
Schniedermeier an, als ihn der Richter auch schon unter-
brach. Er blätterte verwirrt durch seine Unterlagen, um
dann den Staatsanwalt mit vorwurfsvollem Blick zu fragen:
„Warum ist der Zeuge Henkelmann nicht geladen?"

Lektion 40

zugange sein

Bedeutung: *mit etwas beschäftigt sein, etwas angefangen
haben*

Das Universalverb „zugange sein" wird in der Umgangssprache häufig verwendet. Weil es nicht allen zugezogenen

Neubürgern fremd sein dürfte, wollen wir uns in dieser Lektion auf eine besonders subversive Einsatzmöglichkeit der Vokabel konzentrieren.

Viel besser als mit Verben des Schriftdeutschen lässt sich nämlich mit „zugange sein" herrlich unterschwellig eine Geringschätzung des Akteurs oder seiner Tätigkeit vermitteln. Der Vorteil: Offiziell wird nichts Böses gesagt, und doch hört man heraus, was der Sprecher von der ganzen Sache hält, nämlich nichts. Dazu einige Beispiele:

Die Frage „Wie lange bist Du bereits mit dem Aufbau des Regales beschäftigt?" liest sich inhaltlich wertungsfrei. Die ostwestfälische Variante „Wie lange bisse denn nu schon an dem Reahl zugange?" spricht dem bemühten Kleinmöbel-Monteur hingegen in geradezu perfider Weise selbst einfachste handwerkliche Fähigkeiten ab.

Mit den Worten „Mein Mann bastelt in seine Freizeit gerne an seinem Auto herum", beschreibt die Ehefrau liebevoll das Hobby ihres Mannes. Weniger liebevoll formuliert wird aus der Feststellung ein Vorwurf: „Mein Mann is in geder frein Minute an sseim Auto zugange" unterstellt dem Ehegatten, dass er keine notwendigen und unaufschiebbaren Reparaturen durchführt, sondern nach Meinung und auf Kosten seiner Gemahlin eine zu enge Beziehung zu seinem Vehikel unterhält.

Apropos Beziehung: „Gerda ist jetzt mit Norbert zusammen" ist eine neutrale Beziehungsanalyse, die nichts über die Innigkeit der noch frischen Liaison verrät. Auf gut Ostwestfälisch ausgesprochen lautet der Satz „Gerda is getz mit Noabeat zugange" und schließt ein rein platonisches Liebesverhältnis aus.

Ein letztes Beispiel: Trifft ein Paderborner Theaterbesucher in Unkenntnis der genauen Zeit leicht verspätet im Foyer ein, wird er den Platzanweiser fragen: „Hat das Stück bereits begonnen?" Ist er jedoch kein wirklicher Schauspiel-Fan, sondern nur gekommen, weil sein Chef ihn eingeladen hat und er sich zur Kultur genötigt sieht, wird seine fehlende Theateraffinität in der Frage erkennbar: „Ssind sse drinnen schon zugange?"

Lektion 41

stickum

Bedeutung: *leise, ruhig, heimlich, verstohlen, von hinten herum*

Anwendungsbeispiel: „Der Berni hatte ja sowas von keine Lusten auffe Geburtstagsfeier vom Chef, das war zum Beömmeln! Der hat jedem die Hand gegehm, damit se ihn alle eima gesehn ham, und dann hatta sich ganz stickum aussem Staub gemacht."

Berufliches Weiterkommen erfordert Fremdsprachenkenntnisse. Das war auch schon vor 125 Jahren so. Wer damals in Westfalen eine Karriere als fliegender Händler, Kesselflicker, Scherenschleifer, Bürstenmacher, Schrotthändler, Schausteller oder Artist anstrebte, lernte deshalb Masematte. Diese Geheimsprache war ein Mix aus Vokabeln des Jiddischen, des Romani (die indo-iranische Sprache beispielsweise der Sinti und Roma) und der Gaunersprache Rotwelsch.

Einige Begriffe, die wir heute in unserer Umgangssprache benutzen, sind „dekodierte" Wörter der Masematte, wie beispielsweise ausbaldowern (in Erfahrung bringen, planen), der Heiermann (ein 5-Mark-Stück), „für lau" (kostenlos), linken (täuschen), Penunsen (Geld), verkimmeln (versagen, unterliegen), spachteln und verkasematuckeln (essen). An den Wortfeldern lässt sich erkennen, dass die Geheimsprache weniger genutzt wurde, um sich über die sozialen Errungenschaften des Kaiserreichs und das freundliche Wesen des örtlichen Wachtmeisters zu unterhalten, als vielmehr, um sich unter Kleinganoven auszutauschen, wo welches Geschäft zu machen sei, in welchen Wohnungen nachts ein Fenster offen stünde, welcher Bürger ein großes Herz und welcher eine große Dogge besitze. Mit dem Vorteil, dass die Bürger, um die es ging, oder auch die Polizei von der Unterhaltung kein Wort verstanden …

Deshalb gehörte „stickum" oder auch „stiekum" zum Grundwortschatz der Masematte. Die Sprache wurde ja gerade dafür eingesetzt, damit man sich „ganz stickum rackewelen", d.h. sich in Ruhe und heimlich unterhalten konnte. Stickum geht dabei zurück auf das hebräische Wort für Schweigen, das mit dem lateinischen Alphabet nicht darzustellen ist, aber in etwa „schetikah" ausgesprochen wird. Daraus entwickelte sich das jiddische „schtieke", das als Substantiv Stille und Verschwiegenheit bedeutet.

Während Stille und Verschwiegenheit durchaus positiv besetzt sind, wird „stickum" meist mit einem negativen Unterton verwendet. Nehmen wir an, zwei Lehrer des Goerdeler-Gymnasiums unterhalten sich in der Pause über mehrere Schüler, die sich wortlos am Rand des Schulhofes aufhalten. Auf Hochdeutsch bemerkt der eine Lehrer zum anderen: „Die Schüler stehen so still in der Ecke. Was sie wohl vorhaben?" Formuliert der Pädagoge diesen Satz jedoch in der ostwestfälischen Variante, wird aus der neutralen Feststellung eine Bewertung und aus seiner Frage einer Schlussfolgerung: „Die stehn da so stickum inne Ecke – die ham bestimmt was ausbaldowert …"

Lektion 42

sich beömmeln

Bedeutung: *etwas lustig finden, sich über etwas amüsieren*

Anwendungsbeispiel: „Der Kuart waa ja nach Libori dearmaaßen dudeldicke, der hat ja im Fahrstuhl seine Schuhe ausgezogen und vore Tüar gestellt, weila dachte, er wäar innem Hotelzimmer! Was ham wir uns da beömmelt!"

Teilnehmer unseres Sprachkurses schrieben dem Verlag, wie sehr sie sich beim Lesen der Lektionen amüsiert hätten. Auch wenn das als Kompliment gemeint ist, so müssen wir dafür einen Rüffel erteilen und sogleich klarstellen:
1. Sie sollen sich beim Lesen nicht amüsieren, sondern etwas lernen – schließlich machen wir das hier nicht zum Spaß, sondern um die Integration zugereister Neubürger zu fördern, und das ist eine sehr ernste Angelegenheit, bei der jedwede Art von Amüsement gänzlich unangebracht ist.
2. Wenn denn trotzdem die Lektüre einmal unbeabsichtigterweise Anlass zur Erheiterung geben sollte, dann *beömmeln* Sie sich doch bitte. Das ist nämlich echt Ostwestfälisch und damit durchaus erlaubt, ja sogar ausdrücklich erwünscht!

Der Gebrauch des Wortes „beömmeln" ist seit ca. 1900 nachgewiesen, und zwar als regionale Abwandlung von „sich beeumeln". „Eumeln" wiederum hat die Bedeutung von tanzen, spielen, ausgelassen sein, Dinge tun, die nicht zum Dienstbetrieb gehören. Entsprechend ist der „Eumel" eine Person, die sich leicht ablenken lässt, ein durchaus liebenswürdiger Mitmensch, der aber für die harten Alltagsaufgaben nicht taugt (man könnte auch sagen: ein netter Volltrottel). Ein Eumel eumelt oft herum, d.h. er ist schlacksig, ungelenk und bewegt sich tollpatschig. Und er beeumelt sich, d.h. er benimmt sich, wie sich Eumel eben benehmen, und zeigt damit seine Verwandtschaft zum Kasper und zum Hanswurst: Er flachst, albert herum und findet alles (seine eigenen Scherze nicht ausgenommen) zum Brüllen komisch.

Die heutige Bedeutungspalette von „beömmeln" ist breit und sehr subjektiv. Der eine versteht unter dem Begriff eher das stillvergnügte In-sich-hinein-Gnickern, der andere verbindet es mit lautem Losprusten. Vom Schmunzeln über das Kichern bis zum Sich-kringelig-Lachen umfasst das Beömmeln also sämtliche Stadien der Heiterkeit. Wir hoffen, dass Sie möglichst oft Grund haben, dieses neugelernte Wort zu verwenden, und wünschen Ihnen in diesem Sinne nicht nur ein frohes, sondern auch ein fröhliches Schaffen!

püttkern und knülle

Bedeutung: *(sich be-)trinken / betrunken sein*

Anwendungsbeispiel: Zwei Paderborner torkeln etwas beschwipst aus dem „Sagebuiiken", wo sie den einen oder anderen Hochprozentigen zu sich genommen haben, darunter auch Schnäpse, „bei denen 'ne tote Kuh wieder an zu kalben fängt, wennde nur ihr'n Stert ins Pinneken stippst". Der erste stellt fest: „Käar, ich bin ja schon leicht angeschickat, aber *du* hast ja woll sso *richtich* ein' gepüttkert!" Der zweite antwortet: „Habisch gaa nich. Isch bin voll … – lass mich ausredn – voll-ständich nüchtan." – „Das denkst auch nua du! Wenn du nich so knülle wäars, dann hättess du getz noch so viel Vastand in'n Bregen, dass du meaken würdes, dass du total knülle biss!"

Im Wortschatz dieses Büchleins fallen zwei Vokabelgruppen auf, denen sich besonders viele Begriffe zuordnen lassen. Das erste Wortfeld beinhaltet regionaltypische Beleidigungen, Schmähungen und Spottworte. Das ist sehr praktisch, denn es ist immer ratsam, Schimpfwörter zu benutzen, die Richter und Staatsanwalt nicht kennen *(vgl. Lektion 27).* Selbst wenn Sie einmal wegen Beamtenbeleidigung angeklagt sein sollten (und solange die Stadt Knöllchen schreiben lässt, ist das ja nicht ganz auszuschließen), kommt Sie „Ahlepüttker" wesentlich günstiger als manch anderes A-Wort.

Doch Vorsicht – nicht alle Paderborner Beleidigungen sind zu empfehlen. Es gibt Äußerungen, mit denen Sie sich

„dääbe Brast" (= Ärger – aber so richtigen) bis hin zu „Senge" (=Prügel) einhandeln: Als schlimmste Ehrverletzung überhaupt gilt hierzulande der Satz „Mit dir geh ich nich püttkern – du vaträächs ja nix!"

Womit wir beim zweiten großen Wortfeld wären: dem geselligen Trinken. Zugegeben, das Paderborner Goldpilsener ist eine traditionsreiche, nicht wegzudenkende Marke. Dennoch hätte man erwarten können, dass sich im fleißigen Paderborn besonders viele Vokabeln aus der Arbeitswelt, rund um Maschinen, Computer und Möbel finden lassen. Aber flötepiepen – offensichtlich gilt hier die Redensart „Lieber vom Püttkern 'nen Bauch bekomm' als'n Puckel vom Wullacken!".

Und so sucht der Paderborner die Kneipen der Altstadt auf, um ein SCP-Spiel zu feiern oder zu vergessen, um durch Getränke-Bestellungen die Gastronomen nicht verhungern zu lassen, um nach der Formel „drei Bier sind ein Essen" die Küche kalt lassen zu können oder welche Gründe er sich auch immer dafür ausdenkt. An der Theke „schickert" und „püttkert" der Paderborner, „pichelt", „schnasselt", „schmort" und „ballert" sich einen, bis er erst „dune", dann „knülle" und schließlich „dudeldicke" ist. Auf jede Bestellung „Gib mich 'n Klaren!" folgt die Aufforderung „Tu mich 'n Kuazen!". Am Ende haben die Duselköppe und Schluckeulen für ihr gesamtes Püttkermoos so viele Püllekes weggesüppelt, dass sie „chanz deabe ein' inne Hacken ham".

Selbst wenn der Magen das alles über Nacht behält, spätestens am nächsten Morgen läutet (im wahrsten Sinne des Wortes) der Kopf den körpereigenen Rachefeldzug ein. Doch dazu mehr in unserer nächsten Lektion.

kodderig

Bedeutung: *sich unpässlich fühlend*

Anwendungsbeispiel: Straßengespräch auf dem Domplatz:
„Der VHS-Kuas ‚Experimentelles Kochen' waa ja eigentlich
allerbest, nua die Mettendken mit Pflaumnmus-Füllung
im Nougat-Mantel – da hätt ich doch nich mehr wie siehm
Stück von essen solln. Getz is mir doch irndwie kodderich."

In der letzten Lektion haben wir manch hochprozentige
Vokabel gelernt. Doch Vorsicht! So widersprüchlich es
klingt: Wer immer nur Klare trinkt, sieht schon bald nicht
mehr durch. Wer zuviel Korn kippt, hat am Ende nur noch
Stroh im Kopf. Wer ein Bier nach dem anderen pichelt,
dessen Körper wird sich spätestens am nächsten Morgen
für die Schwerstarbeit rächen, die man Leber und Magen
während des Schützenfestes aufgebrummt hat.

Im besten Fall ist der am Vorabend so feierfreudige Ostwestfale dann nach dem Aufwachen einfach nur „'n bissken
bedötscht" und fuhlt sich „unsachte", d.h. missbchaglich.
Der beste Fall kommt aber nur selten vor – der wahrschein-
lichere Fall ist, dass er sich erbärmlich, übel, elend, schwach
und krank, wenn nicht todgeweiht fühlt. „Den Tach bin ich
nix weart", würde er über sich selbst sagen.

Das sonst nie wahrgenommene Ticken seines Weckers
wird ihm plötzlich zu einem ohrenzerreißenden Krach, das
Läuten der weit entfernten Kirchenglocken macht parado-
xerweise einen Höllenlärm, und jedes noch so leise Geräusch

löst eine Schallwelle aus, als stünden der Spielmannszug Hubertusjäger Elsen, die Buker Husaren und das Bundes- schützen Garde Musikkorps Schwaney in seinem Schlaf- zimmer und würde direkt neben dem Kopfkissen „Preußens Gloria" intonieren*. Der Raum kann noch so abgedunkelt sein – obwohl es schummerig ist, ist ihm selber schwum- merig (= schwindelig). Jede Gehirnwendung pocht und poltert und sein „Bregen" (= Hirn) tut weh, er hat „'nen Kopp wie Heierstor". Ihm ist bregenklaaterig (= er ist benommen) und er „liecht anner Ecke" (= krank darnieder). Im Magen ist ihm gehörig flau und er hat die „Lauferei". Mit einem Wort: Er fühlt sich kodderig.

Es gibt weitere Vokabeln, mit denen sich in Paderborn aus- drücken lässt, dass man sich hundeelend fühlt (was kurioser- weise bei einem Kater der Fall ist), es kann einem nämlich auch „ködderich", „klaaterig", „verkladert" oder „klöterig" zumute sein – nicht zu verwechseln mit „knütterig"! Merke: Wem klöterig ist, der ist schlecht dran; wer knütterig ist, der ist schlecht drauf *(vgl. Lektion 16)*.

) Wahlweise auch die Partyband Madison mit „Hermann Löhns, die Heide brennt" oder der Domchor Paderborn mit „Macht hoch die Tür".

Lektion 45

Seuche und Sonne

Vielleicht ist es Ihnen als zugezogenem Neubürger bereits aufgefallen: „Seuche und „Sonne" gehören in Paderborn zu den am häufigsten verwendeten Wörtern. Was Sie zunächst überrascht haben wird, schließlich kann man nicht behaupten, dass zwischen Senne und Paderborner Hochfläche häufiger als anderswo die Pest aus- oder die Sonne durchbricht. Nun, das ganze beruht auf einem sprachlichen Missverständnis, das sich aber schnell auflöst, hört man die Vokabeln „Seuche" und „Sonne" im Zusammenhang eines Satzes. Wie zum Beispiel in diesem Stoßseufzer einer Mutter nach dem Spaghetti-mit-Tomatensoße-Essen auf dem Kindergeburtstag: „Wie *seuche* kleinen Blagen *sonne* große Sauerei veranstalten können, iss mir'n Rätsel!"

Zur Vertiefung zitieren wir hier die einige Jahrzehnte zurückliegende Unterhaltung zwischen dem Paderborner Tabakhändler Niemeyer und einem seiner kauf- und rauchfreudigsten, aber zugleich auch anspruchsvollsten und damit schwierigsten Kunden, nämlich Heinrich Lütkefedder (sen.): An jenem Vormittag suchte Lütkefedder nach einer ganz bestimmten Zigarrenmarke, die er erst kürzlich geraucht hatte, allein der Name mochte ihm nicht mehr einfallen. Niemeyer holte einen ganzen Stapel Zigarrenkisten aus den Regalen und Schubladen, doch Lütkefedder erkannte die gesuchte Zigarre nicht wieder: „Nä, sonne knickrige waars nich … na, aber sonnen Kawenzmann waars nu auch wieda nich … mear sonn Mitteldingen, und eher rund … also nich direkt rund, aber so ähnlich … nä, sonne auch nich …".

Worauf Niemeyer ein Dutzend weiterer Zigarren aus seinem Sortiment herbeischaffte – jedoch vergebens. „Nä, das waarn seuche mit sonner Binde drum … nä, sonne helle nich, das wüsstich … hamse nich auch seuche in dunkler?" Inzwischen hatte Niemeyer bestimmt die dreißigste Zigarrenkiste geöffnet, da geschah das nicht mehr für möglich gehaltene:

„Jau, chenau die sind es! Wie heißn die?" – „Das sind kubanische Terraduras." – „Jau, Terradingens! Habb ich's doch chesacht! Das waanse! Das sindse! Tja also, … *seuche* möcht ich auf kein' Fall nochma ham. Die schmeckten nähmich chanz füachtalich."

Lektion 46

dröge

Bedeutung: *trocken, uninteressant*

Nachdem wir in den letzten Lektionen schon einiges über Tabakwaren und Alkohol gelernt haben, beginnen wir auch diese mit Drogen. Was in der hochdeutschen Sprache verloren geht, wird nämlich auf ostwestfälisch hörbar: dass das Wort „Droge" von „dröge" = „trocken" stammt. Drogen sind Trockenwaren, getrocknete pflanzliche oder tierische Rohstoffe. Im Sinne von „Rauschgift" verwendet man „Droge" erst seit Mitte des 20. Jahrhunderts. Die ursprüngliche Bedeutung ist in den „Drogerien" erhalten geblieben, die noch vor hundert Jahren getrocknete Pflanzen als Heilmittel und Kosmetika verkauften. So recht passt diese Ladenbezeichnung also heute nicht mehr: Zwar bekommt man in einer Drogerie weiterhin Präperate gegen trockenen Husten und für trockene Haut, die Substanzen können aber inzwischen auch flüssig sein; man selbst muss es bei den Preisen sogar.

Im übertragenen Sinn wird in Paderborn mit „dröge" eine Person beschrieben, die wenig Wert auf gesellige Treffen legt und von Mitmenschen als farbloser Langeweiler empfunden wird („Der Otto, der macht sein Mund auch nua zum Essen auf. Das is villeicht 'n drögen Kääl!"). Ein schöner Dialog, in der „dröge" im eigentlichen Sinne vorkommt, nämlich als Ersatzwort für „trocken", ereignet sich im besonders heißen Sommer 1905 auf dem Paderborner Bahnhof (zugegeben, schriftlich überliefert ist der genaue Wortlaut nicht, aber andererseits steht auch nirgendwo geschrieben, dass sich die Begebenheit nicht so abgespielt hat):

Die Preußischen Staatseisenbahnen haben eine Anordnung für alle Stationen ihres Streckennetzes erlassen. Die Billet-schalter (das ist das, was man vor 20 Jahren „Fahrkarten-ausgabe" nannte und was heute bei der Bahn „Ticket Counter Service Point" oder so ähnlich heißt) sind mit einem Anfeuchter auszustatten, bestehend aus einem Schwämm-chen in einer kleinen Holzschale. Was aus heutiger Sicht nicht wirklich sensationell klingt, ist damals für viele Fahr-gäste eine Überraschung.

Auch Landwirt Westkämper ist bass erstaunt, als der Sta-tionsassistent auf seine Fahrkartenbestellung hin erst den trockenen Daumen auf den Schwamm druckt und dann das Ticket vom Block reißt. Seine Reaktion „Was issen das nu schon wieder füan Kroppzeuch!" macht deutlich, dass er diese (wie alle) Neuerungen für überflüssig erachtet und erwägt, die offensichtliche Geldverschwendung dem Bund der Steuerzahler zu melden, sobald dieser gegründet ist.

„Das is kein Kroppzeuch", klärt ihn der Beamte auf, „das is getz Voaschrift wegen der Hügiäne. So muss unsereins die Finger nich mehr anlecken und kricht den Billjetblock doch gut duarchgeblättat." – „Awatt!", zeigt sich Westkämper keineswegs überzeugt, „das taucht doch nix. Bei der Bullenhitze is das Ding doch butz wieder dröge." Worauf der Kartenverkäufer trocken (wie auch sonst?) erwidert: „Ehm nich. Ich spuck da ein, zwei Mal moagens drauf, und das hat noch gedes Mal bis ahmds gereicht."

Lektion 47

Kabitt geben

Bedeutung: *Dampf machen, Druck ausüben, aufs Tempo drücken*

Anwendungsbeispiel: „Keär, diesen tranklötigen Dramelpott auffem Bauamt kommt nich inne Puschen mitte Genehmigung füars Gaatenhäusken." – „Na, dann geh ma gleich moang früh nachen Amt hin und gib ihm oantlich Kabitt!"

Was hat Hunteburg, ein Dörfchen an der Grenze zwischen Niedersachsen und Ostwestfalen, was es im ganzen Hochstift Paderborn nicht gibt? Hunteburg hat einen KBV – einen Karbid-Böller-Verein! Die (erstaunlicherweise alle männlichen) Mitglieder nutzen Karbid – die brennbare Verbindung aus Kohlenstoff und Metall, mit der früher Latüchten (Gaslampen) gespeist wurden – für ein schönes Lärmbrauchtum: Zu kirchlichen Anlässen wie Fronleichnam oder bei Hochzeiten feuern sie mit kleinen, vom Pastor gesegneten „Kirchenkanonen" Böllerschüsse ab.

Der Sparzwang kirchlicher Institutionen lässt befürchten, dass trotz dieses Vorbildes eine größere Bestückung Paderborner Gotteshäuser mit Kirchenkanonen auch in Zukunft nicht erwogen wird. Dabei wäre durchaus Karbidböller-Know-how in der Region vorhanden. Denn die heimische Jugend (und nicht nur die) erfreute sich bis zum Ende der 1950er Jahre an der aus gutem Grund streng verbotenen Böllerei mit – Milchkannen!

Unweit von Paderborn, genauer in Mastholte, konnte man 1954 Augen- und Ohrenzeuge einer besonders spektakulären Darbietung der Milchkannenkarbidböllerkunst werden. Die damaligen Volksschulabgänger hatten aus einer Schweißerwerkstatt einige Brocken Karbid entwendet, um am Morgen der Entlassungsfeier ihren Lehrer Hollenbach angemessen zu wecken. Die ganze Schulzeit über hatte dieser seinen Schülern reichlich Kabitt gegeben (d.h. im übertragenen Sinne: „zu Höchstleistungen angespornt") – nun wollten die Pennäler mal umgekehrt ihrem Pauker Kabitt geben (d.h. im wörtlichen Sinne: „zeigen, dass sie zumindest in Chemie einige Grundkenntnisse erworben hatten").

Dazu bohrten die Schüler ein winziges Loch in den Boden einer Milchkanne. In die Kanne selbst gaben sie das Karbid, das zur Vorbereitung auf die chemische Reaktion angefeuchtet wurde. Schließlich hielten die Milchkannen-Kanoniere ein Streichholz an die Öffnung im Gefäßboden, und rumms! Mit einem lauten Donnerschlag („sso richtich mit Kabitt!") flog der Kannendeckel durch die Luft, landete auf einem angrenzenden Kuhstall und zerdepperte mehrere Dachpfannen.

Weitere Salutschüsse und Ehrensalven wurden durch den Hofbesitzer unterbunden, der umgehend die Entmilitarisierung Mastholtes durchsetzte, den Milchkannenmörser konfiszierte und als Reparationszahlung fünf neue Dachpfannen festsetzte. Eine noch recht milde Strafe, denn natürlich war und ist das ungeübte Hantieren mit Karbid im wahrsten Sinne des Wortes brandgefährlich: Als Mitglied im KBV müssen Sie eine staatliche Erlaubnis zum Karbidböllern nach §27 des Sprengstoffgesetzes besitzen.

Apropos Böllerschüsse: Da Sie als Neubürger der Pader-Metropole nicht nur an der Sprache, sondern auch an den Sitten und Gebräuchen der Einheimischen interessiert sein dürften, folgt nun ein kleiner Exkurs. Ohne zu wissen, wie ein Schützenfest funktioniert, sind Sie in Paderborn nicht gesellschaftsfähig ...

Exkurs: Schützenfeste im Hochstift Paderborn

Die Königsmacher

In den Wochen zwischen Juni und August erscheint im Hochstift Paderborn, wie in ganz Ostwestfalen-Lippe, kaum eine Zeitungsausgabe, in der nicht über ein Schützenfest berichtet wird. Zugezogenen Neubürgern mag die doppelseitige Auflistung aller 200 Hofstaat-Mitglieder übertrieben erscheinen. Schnell ermüdet sie die – für die Einheimischen durchaus sehr wichtige – Berichterstattung über die genaue Route des Festmarsches, die Garderobe der Schützenkönigin und den voraussichtlichen Zeitpunkt des Polizeieinsatzes. Bei Journalisten sind solche Artikel jedoch recht beliebt, denn da Schützen bei ihren Festen gerne an Traditionen festhalten, lassen sich bequem die Texte vom Vorjahr übernehmen.

So läuft ein Schützenfest stets nach den selben strengen Regularien ab: Die Schützen ziehen zum Festplatz, um dort zu feiern, zu trinken und kartellrechtlich bedenkliche Absprachen zu treffen. Nebenbei wird auch geschossen, wobei jeder versucht, den aufgehängten Adler nicht zu treffen. Wer das am Schlechtesten kann, wird Schützenkönig und darf umgehend bei seiner Bank einen Kredit in sechsstelliger Höhe beantragen (der sofort bewilligt wird, schließ-

lich ist auch der Bankdirektor Schützenbruder); alle anderen freuen sich und bekommen vom neuen Schützenkönig fortan Freibier spendiert. Das ist allerdings auch bitter nötig, denn als Gegenleistung müssen alle Schützen ins Schützenzelt, wo eine Live-Band die musikalischen Lebenswerke von Wolfgang Petry und Andrea Berg zum Besten gibt – und das zu ertragen, ist nüchtern noch niemandem gelungen.

Gegen Mitternacht ruft dann traditionell ein Anwohner wegen Ruhestörung die Polizei – wahrscheinlich ein Zugezogener, der zudem keine Zeitung liest. Mit dem Einsatz der Beamten, die ohnehin alle neidisch sind, weil Schützen die schniekeren Uniformen tragen und öfter rumballern dürfen, endet dann das erfolgreiche Fest am frühen Morgen oder später. Na dann: Wir sehen uns auf dem Festplatz!

Lektion 48

Hucke, die

Bedeutung: *(krummer) Rücken*

Mit der Hucke kann man drei Dinge machen: **1.** Man kann sie volllügen („Woran erkennsse, dass dir'n Politiker die Hucke volllücht? Er bewecht die Lippen!"), **2.** man kann sie sich volllaufen lassen („Trinksse'n Kurzen mit?" – „Bisse wahne? Erssens trink ich überhaupt gaar nich, zweitens is heut der Stäabetach von meiner Mutta, da trink ich schon ma ears recht nix, und drittens habbich mir earst heut mittach die Hucke volllaufen lassen – da bin ich noch total tüddelich von in' Bregen."), **3.** man kann sie vollkriegen („Hömma, wennde noch eima behauptess, ich wär'n leicht reizbarer Schlägertyp, dann krisse aber ma so richtich die Hucke voll, das kannse aber ma glaum!").

Die Hucke bezeichnet eigentlich einen Rückenkorb, wie ihn in Westfalen Händler und Kaufleute zum Transport ihrer Ware benutzten – so wie die Bielefelder Leineweber, die darin ihr Leinen aus dem Umland zur Begutachtung und zum Handel nach Bielefeld brachten, oder das Münsteraner Pendant, die Kiepenkerle, die als reisende Händler ebenfalls einen Korb auf ihrem Rücken trugen. Dieser Tragekorb, Kiepe oder eben Hucke genannt, brachte den umherziehenden Händlern die Berufsbezeichnung „Huckler" ein. Aus den Hucklern wurden die „Hök(l)er", noch um 1900 ein gängiger Begriff für Markthändler und Hausierer, die etwas „verhökern" – womit wir ganz nebenbei auch die Herkunft dieses Wortes geklärt hätten.

Da die markenbewussten Jugendlichen heute nur noch „Eastpak"-Rucksäcke kaufen, ist die Hucke als cooler Taschenersatz im Schul- und Freizeitbereich zunehmend aus der Mode gekommen. Höchstens Winzer tragen noch etwas Ähnliches (die sogenannte Butte), aber ausgerechnet in diesem Berufsstand sind Arbeitsplätze in Paderborn traditionell knapp. So ist die Hucke als Gepäckstück heute nahezu unbekannt, stattdessen haben wir bei Anwendung des Wortes einen Rücken vor Augen – und zwar nicht irgendeinen, sondern vorrangig den eines Hucken-Trägers, also einen krummen Rücken.

Sollte Ihnen ein volltrunkener Berufsboxer androhen, „die Hucke vollzuhauen", so sollten Sie sich also um eine Entschärfung der Situation bemühen. Ihr Hinweis „Welche Hucke??! Ich besitze doch gar keinen historischen Rückenkorb" hätte mutmaßlich keine deeskalierende Wirkung. Schlimmer noch: Ihre Äußerung zeugte von einer verhängnisvollen Fehleinschätzung der eigenen Besitzverhältnisse. Denn Ihren Rücken werden Sie ja voraussichtlich dabeihaben – sollte der bislang nicht krumm sein, spätestens nach dieser Antwort wäre er es …

Lektion 49

hibbelig und fickerig

Bedeutung: *unruhig, aufgeregt, zappelig, nervös*

Anwendungsbeispiel: „Was bisse denn heute so radderich und die ganze Zeit am Ruckeesen, kannze nich ma eine Minute stillsitzen? Da wird man ja schon vom Zuschauen selbss ganz hibbelich von!"

Normalerweise drameln und drämeln die Paderborner ja und lassen sich nicht aus der Ruhe bringen. Dass ein Paderborner fahrig, unruhig und nervös wird, scheint schon früher ein so mitteilungswertes Ereignis gewesen zu sein, dass sich dafür im Ostwestfälischen einige Fachbegriffe heranbildeten.

Fängt das sonst so wortkarge Kind an der Supermarktkasse an zu quengeln, beendet die Mutter die Disskussion um den Einkauf von Schlickersachen mit den Worten „Getz hibbel hier nich so rum!" Kommentiert ein Angler an den

Fischteichen nach drei wort- und regungslos verbrachten Stunden den ausbleibenden Fangerfolg mit „Beißen heut nich", bölkt ihn sein Nachbar an: „Wolln wa hier angeln oder rumquasseln? Getz vabreit'ma keine Hektik, oller Hibbelkopp!"

Synonym für „hibbelig sein" wird auch die Wendung „fickerig sein" gebraucht: „Hör auf, so hibbelich zu sein – das macht mich ganz fickerich!" Beide Wörter beschreiben den unruhigen Körper, in dem ein unruhiger Geist wohnt: „hibbelig" ist über „hoppeln" und „hoppen" verwandt mit „hüpfen". Es heißt also eigentlich „hüpferig" und beschreibt das bei Nervösen zu beobachtende ständige Auf- und Abwippen mit den Füßen.

„Fickerig" stammt von dem Wort, von dem man denkt, das es daher stammt, das aber noch im 15. Jahrhundert ausschließlich die Bedeutung „etwas hin- und herbewegen" hatte. Wer sich also z.B. ständig mit den Fingern durch die Haare fährt und seine Körperhaltung im Zwei-Sekunden-Rhythmus wechselt, ist offensichtlich fickerig. Falls solch komisch wirkende Bewegungen nicht unterbewusst, sondern absichtlich geschehen, sprechen wir davon, dass jemand „Faxen macht" – sprachgeschichtlich ein direkter fickerig-Verwandter.

Was kann man dagegen tun, dass jemand rumhibbelt oder extrem fickelig ist? Am Besten gar nichts. Die Erfahrung zeigt: Nur ein in Ruhe gelassener Mensch wird in Ruhe ein gelassener Mensch.

Gubiläum, das

Es ist schade, dass die schöne Paderborner Eigenart, in einigen Wörtern anstelle eines „J" ein „G" auszusprechen, mittlerweile auch von Einheimischen weitgehend vernachlässigt wird. Einen Satz wie „Die Benhausener Dorfgujend gauchzte und gubelte aufem Gühenplatz" hört man heute leider nur noch selten. Verschärfend kommt dabei natürlich hinzu, dass der Benhausener Nachwuchs von wenig extatischem Naturell ist – so leicht jauchzt und jubelt der ohnehin nicht. Und wenn doch, dann ist er nicht so bekloppt und tapert dafür extra in die Innenstadt.

Auch das „Ch" anstelle eines „G" ist kaum noch zu vernehmen. Sätze wie „Chustav ching innen Chaaten und bechoss die chelben Cheochinen" waren noch vor wenigen Jahrzehnten Paderborner Klassiker. Das Ende dieser Lautverschiebung kam, wie das Sterben der Dialekte und Regiolekte prinzipiell, mit dem Erfolg des Radios und des Fernsehens, deren Protagonisten das Sendegebiet ausschließlich in Hochdeutsch beschallten und als „sprachliche Gleichmacher" wirkten.

Wir wollen mit der 50., der Gubiläums-Lektion, auf diese Missstände hinweisen und werdende Eltern ermuntern, ihren Kindern wieder typische Paderborner Namen zu geben, wie z.B. Gürjen, Cheorch, Chäada oder Görch.

Gedöns und Kroppzeug

Bedeutung: *Unnützes, Wertloses, Störendes, nicht näher Bestimmbares; auch: Gesindel (Kroppzeug)*

„Tut euer Gedöns vonnen Fußboden wech", fordert der Vater seine Sprösslinge auf, wenn deren Oma über das Kabel der PlayStation gestolpert und auf den herumliegenden Spiele-Discs ausgerutscht ist. Mit seiner Wortwahl macht der Hausherr zweierlei deutlich: 1. Er steht Produkten der asiatischen Unterhaltungsindustrie eher kritisch gegenüber. 2. Er hat nicht die geringste Ahnung, wie er die modernen Spielgerätschaften seiner Kinder benennen soll. Mit dem Ersatzwort „Gedöns" verschleiert er pädagogische und sprachliche Defizite, und natürlich schimpft es sich mit ihm flüssiger, als wenn er die korrekte Bezeichnung „Spielekonsole inklusive der kabelgebundenen Gamepads" aussprächee.

Dabei ist der Begriff Gedöns eine eher schwache Beleidigung und enthält meist nur einen Hauch von Geringschätzung. Der Luftzug ist aber umso stärker, je wertvoller der Gegenstand ist, der damit bezeichnet wird. Fragt der Beifahrer im Auto „Was baumelt denn da füan Gedöns an deim Rückspiegel?", so ist das keineswegs diffamierend, denn eine Dufttanne, die Diddl-Maus oder der Vereinswimpel vom FC Barfuß 03 sind ganz objektiv betrachtet Gedöns. Das Wort wird hier im Sinne von „Krimskrams" gebraucht.

Bezeichnet aber jemand, wie im obigen Fall, hochwertige bzw. hochpreisige Markengeräte als Gedöns, drückt er damit seine subjektive Respektlosigkeit aus. Dann ist das Wort eindeutig herabwürdigend und erhält die Bedeutung von „Plunder", „Krempel" oder „Gerümpel". Die sprachgeschichtliche Verwandtschaft mit Wörtern wie „dehnen" und „aufgedunsen" macht es deutlich: Gedöns kennzeichnet etwas „Überzogenes", das größerer Bedeutung beigemessen wird als ihm vom Wert her zusteht (daher auch: „Mach nich son Gedöns" = Lärm um nichts).

Doch wie das immer so ist: Wenn es darum geht, das Universum von virtuellen Monstern zu befreien, sind die kleinen Helden unschlagbar. Soll aber das Wohnzimmer von realem Spielzeug befreit werden, sind sie unauffindbar. Wenn also – wie zu erwarten – die väterlichen Aufräumbefehle wirkungslos verhallen und daraufhin die Großmutter ein zweites Mal über das Kabel stolpert, was dann? Dann wird das vermeintliche Familienoberhaupt zu härteren sprachlichen Mitteln greifen, um wenigstens noch einen Restbestand an Autorität zu bewahren. Mit einer nur leicht abschätzigen Bezeichnung wie „Gedöns" ist es nun nicht mehr getan. Bislang war der Vater von dem PlayStation-Schnickschnack nur genervt, doch nun platzt ihm der Kragen. Durch ausgesuchte Wortwahl macht er deutlich, dass er das olle Ding am liebsten los wäre: „Wenn das hier in fümf Minuten nich wechgeräumt is, schmeiß ichs innen Müll! Das Kroppzeuch will ich hier nich mehr ssehn!"

Jetzt müsste auch den nervigsten Blagen klar sein, wie ernst es dem Hausherrn mit der Entsorgung des elektronischen Kompaktgerätes ist. Denn Kroppzeug bezeichnet Unbrauchbares, Ungeliebtes, Unwertes, kurz: Überflüssiges. Jetzt müssen sie handeln, sprich aufräumen, denn es gilt, ihr geliebtes Spielzeug vor der Elsener Deponie zu retten.

Sprachgeschichtlich war das Wort „Kroppzeug" schon immer negativ besetzt. Es kommt von „krupen" = kriechen; mit „Krop" bezeichnete man im Mittelalter kleine Lebewesen: Echsen, Schlangen, Würmer, kurz: alles, was über die Erde kroch und krabbelte und eine Hexe mutmaßlich auf der Zutatenliste für ihren Zaubersud stehen hatte. Dass das Wort regional auch für Säuglinge und Kleinkinder gebraucht wurde, widerspricht dem nicht.

Schon im 18. Jahrhundert verwendete man das Wort „Kroptüg" in der übertragenen Bedeutung für Pack und Gesindel. Heute bezeichnet Kroppzeug wert- und nutzlose Gegenstände – auf Personen angewendet ist das Wort deshalb besonders beleidigend, noch ehrverletzender sogar als die Beschimpfung „Gesocks". Sollte die gestürzte Schwiegermutter den väterlichen Ausruf „Das Kroppzeuch will ich hier nich mehr ssehn!" missverstehen und nicht auf das Spielgerät beziehen, dürfte der Familienfrieden nachhaltig gestört sein.

Lektion 52

Küttel, der

Bedeutung: *1. Kotklümpchen, auch 2. kleines Kind*

Anwendungsbeispiel: „Da is ja das Ende von wech: Mäuse in meiner Küche! Ich dacht earst noch, was liegn da viele Rosinen auffem Boden, da seh ich: Das sind Küttel!"

Wenn es um verdauungsinduzierte Körperausscheidungen geht, stellt uns die deutsche Hochsprache ein nur als armselig zu bezeichnendes Vokabelangebot zur Verfügung. Also muss die Umgangssprache mal wieder die Drecksarbeit erledigen. Gut, dass Sie so fleißig Ostwestfälisch büffeln! Denn wofür sich das Hochdeutsche zu fein ist, das formuliert der ostwestfälische Regiolekt mit seinem Sprachreichtum, ohne dass es dabei anstößig wirkt.

Mit der Vokabel „Miege" zum Beispiel bezeichnet der Ostwestfale eine körpereigene Flüssigkeit, ohne dabei vulgär zu werden. Anwendungsbeispiel im Gasthaus: „Hönnsema, das Bier, wasse mir hier gebracht ham, hat aber aunoch kein' Kühlschrank von inn' gesehn. Die Plörre is ja miegenwaam! Muss man in ihrer Murksschenke erst 'nen Kaffee bestelln, um was Kaltes zu kriegn?" Die „Mäse" steht für die Körperregion, aus der Köttel in die Außenwelt gelangen. Trotzdem kann das Wort selbst im Businessgespräch zwischen Dienstleister und Kunde verwendet werden, zum Beispiel beim Uhrmacher: „Ihre Uhr is feddich." – „Prima, dass Sie sie so schnell reparieren konnten." – „Nää, ehm nich! Ich sach doch, die Uhr is feddich – die is inne Mäse!"

Auch der „Küttel" ist nicht im Duden verzeichnet. So lässt sich in Wörterbüchern auch nicht die zweite Bedeutung des Küttels nachlesen, nämlich die durchaus liebevolle Bezeichnung für ein Kleinkind: „Das is ja man süß, wenn das kleine Küttelchen mit den viel zu großen Puschen von sein Papa übearn Fluar tapert!" Ein „Frosteküttel" ist demnach eigentlich ein frierendes Kind, der Begriff wird aber mittlerweile auf kälteempfindliche Menschen aller Altersstufen angewendet (siehe die nächste Lektion). Denn was macht es schon, ob jemand fünf oder fünfzig Jahre alt ist – für jemanden, der im Herzen jung geblieben ist, sind Diskussionen um das Alter doch nur bedeutungslose

Kleinigkeiten. Oder besser, weil auf Ostwestfälisch gesagt: Küttelkram.

Frosteküttel, der

Bedeutung: *kälteempfindlicher Mensch*

Es gibt Leute, die meinen, im Süden sei die Lebensqualität höher als in Paderborn – eine streitbare Meinung. Borchen-Etteln zum Beispiel liegt südlich von Paderborn. Wer glaubt, dort erwarte ihn „la dolce vita", kann ja gerne dorthin ziehen – wir warnen aber vor Enttäuschungen und können davon nur abraten, zumal Sie als Neubürger ja ohnehin gerade erst umgezogen sind und es doppelt schade wäre um die Fortschritte, die Sie bislang in unserem Sprachkursus gemacht haben.

Zugegeben, meist ist mit „dem Süden" eher Bayern oder die Toskana gemeint. Dort ließe es sich angeblich schon deshalb besser leben, weil es wärmer sei. Nun ist das Temperaturempfinden aber etwas Subjektives. Man darf halt nur nicht zugeben, dass es in Ostwestfalen Dreiviertel des Jahres friert, und schon stehen die Italienurlauber als verweichlichte Schattenparker da. Im Winter handelt der Paderborner deshalb wie folgt:

Bei +5°C: Der Paderborn Mieter dreht demonstrativ die Heizung ab. Zumal er sich darauf verlassen kann, dass seine zugezogenen, kälteüberempfindlichen Mitbewohner über, unter und neben ihm die Heizungen voll aufdrehen und das Haus warm halten werden.

-1°C: Der Atem wird sichtbar. Die Katze will mit ins Bett. Der Paderborner kauft sich im Eiscafé Venezia ein Eis und bestellt sich auf dem Weihnachtsmarkt ein kühlendes Bier.

-4°C: Es schneit. Die Katze will mit in den Schlafanzug. Italienische Autos springen nicht mehr an. Der Paderborner beschwert sich bei der Stadt, warum das Rolandsbad schon geschlossen habe, schließlich sei mit einem Sprung schon vom 3-Meter-Brett die Eisdecke mühelos zu durchbrechen.

-10°C: Der Atem wird hörbar. Deutsche Autos springen nicht mehr an. Der Paderborner geht an die Paderquellen, um dort die Pinguine zu füttern. Vor dem Dom gibt der Hubertuschor Sennelager ein Open-Air-Konzert.

-25°C: Selbst japanische Autos springen nicht mehr an. Glücklich, wer aus Westenholz stammt und noch einen Trecker als Zweitwagen besitzt! Der SC Paderborn sagt alle Hallenturniere ab und beginnt in der Energieteam-Arena mit dem Training für die Rückrunde.

-39°C: Quecksilber gefriert. Der Paderborner schließt den obersten Hemdknopf – was ihm etwas peinlich ist, weil die hier stationierten Briten noch immer im T-Shirt herumlaufen. Die Paderborner Eisbahn erwägt zu öffnen, „falls das Wetter sich halte".

-120°C: Alkohol gefriert. Der Paderborner wird nöckelig.

-273°C: Absoluter Nullpunkt. Keine Bewegung der Elementarteilchen. Der Paderborner gibt auf nachdrückliche Befragung zu, dass es in letzter Zeit etwas abgefrischt habe, bestellt sich als Gegenmaßnahme zwei Klare und betitelt jeden, der sich angesichts eines Blizzards in Benhausen an die Riviera wünscht, als „frisseligen Frosteküttel!"

Schnütte, die

Bedeutung: *Nasensekret*

Anwendungsbeispiel: Scherzfrage unter Kindergärtnerinnen: „Was is' der Unterschied zwischen Schnütte und Broccoli? Ganz einfach: Es gibt keine Blagen, die gearne Broccoli essen …!"

Am Karneval scheiden sich die Geister. Faschingsverweigerer sehen die fünfte Jahreszeit als Epidemie, die Betroffene am Morgen müde, am Abend tatendurstig und nach dem Aschermittwoch arbeitsunfähig macht. Etwas Wahres ist dran; viele Narren sind nach den tollen Tagen derbe erkältet. Was kein Wunder ist, wenn man Mitte Februar als Tarzan verkleidet mit freiem Oberkörper über den Kamp tapert.

Entsprechend herrscht am Rosenmontag in so manchem Büro dicke Luft. Karnevalskritische Angestellte haben die Nase voll, weil sie die Vertretung für die fehlenden Kollegen übernehmen müssen, und reagieren verschnupft, wenn diese sie dann auch noch als langweilige und humorresistente Schnösel bezeichnen. Die Narren wiederum sind verschnupft, weil sie – vom Sonnenschein perfide getäuscht und von so manchem „Klaren" innerlich gewärmt – die winterliche Kälte beim Umzug unterschätzt hatten und mit einem akuten Nasenkatarrh weiterfeiern mussten. Auch sie haben die Nase voll – nämlich mit Schnütte.

Die so Gepeinigten sind verschnuttert, sie schniefen und schnaufen, schneuzen und schnupfen, schnarchen und schnauben. Ans Schnuppern und Schnüffeln ist wegen des Schnodders zwar nicht zu denken. Doch gehören auch diese Begriffe sprachhistorisch zu der großen Gruppe der mit „schn-" beginnenden Wörter, die mit der Nase hervorgebrachte Laute beschreiben. Selbst der oben erwähnte arrogante „Schnösel" hat in dieser Wortsippe seinen Ursprung, bezeichnet man doch damit eine Rotz- bzw. Schnuttnase, einen unreifen Menschen, der sich mit „schnodderigen" Ausdrücken wichtig tut, obwohl sich sein Nasenschleim einen Weg zu seiner vorlauten Schnute bahnt. Der Paderborner würde eine solch naseweise Person deshalb auch einen Schnuttlippes, einen Schnuttkabel oder einen Schnottenpatt schelten.

Ein Trost sowohl für alle Karnevalisten als auch für alle Karnevalsmuffel: Weder die Session noch ein Schnupfen dauern ewig. Schon nach kurzer Zeit geben die Narren die Straßen Delbrücks, Scharmedes und Paderborns ebenso wieder frei wie die Schnütte die Atemwege. Na denn: Hasi palau!

friemeln

Bedeutung: *etwas mit meist viel zu großen Fingern zurecht-puzzeln. Entsprechend friemelige (oder auch knibbelige) Tätigkeit ist „Friemelarbeit" oder auch „eine einzige Frie-melei".*

Das **Anwendungsbeispiel** bildet ausnahmsweise nicht den Anfang, sondern den Schluss dieser Lektion, da es nur im Kontext der nachfolgenden Anekdote zu verstehen ist.

Matthias Laurentius Becker (1843 – 1904) war ein katholischer Pfarrer mit einer westfälischen Karriere: Er wuchs in Brilon auf, studierte in Münster und wurde in Paderborn zum Priester geweiht, bevor er eine Gemeinde in Güters-loh übernahm. Dort setzte er sich erfolgreich für den Bau der St.-Pankratius-Kirche ein, die vom Paderborner Diözesanbaumeister Arnold Güldenpfennig entworfen und von Weihbischof Augustinus Gockel im Jahre 1890 geweiht wurde.

Außerhalb der Kirche trug Becker seine Soutane, einen talar-ähnlichen schwarzen Mantel. 33 Knöpfe waren daran – die Zahl stand symbolisch für die Lebensjahre Jesu, sorgte aber auch dafür, dass Becker stets etliche Minuten brauchte, bis er dieses Gewand zugeknöpft hatte.

Doch nicht nur deshalb war – Symbolik hin, Symbolik her – die Verschlusstechnik alles andere als funktional. Zum einen durfte bei 33 Knöpfen jeder einzelne nicht allzu groß sein, so dass das Zuknöpfen für den durchaus stattlich gebauten Geistlichen eine feinmotorische Herausforderung darstellte. Zum anderen konnte es passieren, dass sich Becker „verknöpfte": Er steckte den ersten Knopf oben am Kollar versehentlich ins zweite Loch; ein Missgeschick, dass sich erst geraume Zeit später am unteren Ende des Pfarrers als solches zu erkennen gab.

Seine Messdiener konnten diesen Kampf mit der Materie regelmäßig beobachten; ihre Vorfreude auf den absehbar ledig bleibenden Knopf setzte deshalb bereits in Hüfthöhe ein und entlud sich schließlich am Saum in einem Prusten. Worauf Becker ebenso regelmäßig halb erbost, halb entschuldigend meinte: „Chrundchütiger, dat iss aber auch alles friemelich!"

Lektion 56

Falle, die

Bedeutung: *Bett*

Anwendungsbeispiel: „Mami, düafen wir noch Feanseh kuckn?" – „Ich glaubs euch wohl! Nix da, ihr geht ab inne Falle, sonst gibt's Pöterklatsche mit Anlauf!"

„Wer an einem Morgen spät aufsteht, hat den halben Tag vergeudet. Wer an zwei Morgenden spät aufsteht, hat einen ganzen Tag seines Lebens vergeudet. Wer an drei Morgenden spät aufsteht, der beleidigt das Leben", so lautet eine alte chinesische Weisheit.

Da wusste Konfuzius offenbar mehr als die Paderborner, denn wer nicht gerade ein Schnäppchen auf dem Trödelmarkt erheischen will, bleibt hierzulande ja schonmal gerne etwas länger „in der Falle". Den Frühaufstehern hält man die gesundheitsfördernde Wirkung eines ausgedehnten Schlafes entgegen: „Waamer Polter, mollich Bett – wer lang schläft macht den Aazt nich fett". So steht es zumindest in Urgroßmutters Arzneibuch, die damit lange vor der Gesundheitsreform ein probates Mittel gefunden hatte, den Weg in eine Arztpraxis zu vermeiden: einfach gar nicht erst aufstehen!

Warum das Bett in Ostwestfalen „Falle" genannt wird, scheint naheliegend. Schon mancher Mann hat in der Hitze der Nacht – d.h. im „mollich Bett" – Eheversprechen geleistet, die er so im Bastelkeller niemals abgegeben hätte. Es kann aber auch sein, dass der Begriff aus alten Bauernhäusern stammt. Viele dieser Gebäude hatten kein separates Schlafzimmer. Man schlief in der „Butze", einem zum Teil fest in das Haus eingebautem Schrankbett zwischen Wohnbereich und Küche, das man durch eine Tür betrat. Mit der Holzummantelung wurde der Wunsch nach

Privatsphäre erfüllt, dennoch mag der Aufenthalt in einem solchen Bett durchaus auch beklemmend gewesen sein – als säße man in einer Falle. Nicht grundlos bohrte man ein kleines Loch in die Bettwand: Durch dieses sogenannte Seelenloch sollte im Todesfall die Seele entweichen können.

Dass Leute weniger lebendig aufwachen, als sie eingeschlafen sind, kommt schließlich häufiger vor. Mehr noch: Rein statistisch gesehen ist es zwischen Bettdecke und Matratze so lebensgefährlich wie sonst nirgendwo! Denn wissenschaftlich ist erwiesen: Die meisten Leute sterben im Bett …

Apropos Bett: Wir haben da noch einen Ausflugstipp für Sie!

Ausflugstipp: Safari in der Senne

Die schlafenden Löwen von Stukenbrock

Staub und Dürre prägen die Gegend an der nördlichen Grenze des Hochstifts. Hier endet das Paderborner Hochland mit seinem wechselfeuchten Klima und der üppigen, teilweise undurchdringbaren Vegetation und geht in die offene Steppenlandschaft der Senne über. Inmitten dieser Halbwüste, wo in den Trockenmonaten nur einige Büschelgräser wachsen und selbst in der Regenzeit nur eine schüttere Grasdecke die ostwestfälische Savanne bedeckt, liegt der Safaripark Stukenbrock.

Mit seinem eigenen Auto kann man hier durch ein Freigehege voller exotischer Tiere fahren. Automatisch fühlt man sich dabei wie ein Großwildjäger in Afrika. Ungeschützt,

ohne trennende Zäune oder Gitterstäbe, begegnet einem
die wilde Kreatur in Form von Tigern, Wasserbüffeln und
tobenden Familienvätern, denen gerade ein Lama durch die
heruntergelassene Scheibe aufs Armaturenbrett gespuckt
hat.

Einen ganz besonderen Nervenkitzel bietet das Löwegehege.
Noch während man in der Hochsicherheitsschleuse steht,
wird einem unweigerlich mulmig. Dazu tragen auch die
überall angebrachten Hinweisschilder bei, die erlebnishung-
rige Ausflügler vor menschenhungrigen Löwen warnen
und ihnen mit Aufschriften wie „Vorsicht! Lebensgefahr!
Freilaufende Raubkatzen!" den Ernst der Situation verdeutlichen. Erst dann öffnet sich die Schleuse … unendlich langsam … zentimeterweise … im Schritttempo fährt man in
das Gehege ein … vorsichtig und jederzeit mit dem Angriff
einer gefräßigen Großkatze rechnend.

PLÖTZLICH sieht man sie, wie sie dastehen, in einer Reihe,
fast wie an der Schnur aufgezogen: die Autos der anderen
Besucher. Nun ja, im Löwengehege ist halt immer Stau,
und man sieht nichts weiter als Autos. Irgendwo sieht man
auch zwei, drei Löwen. Die liegen in einer schattigen Ecke,
möglichst weit weg von der Autoschlange, und schlafen.

Was man ihnen nicht wirklich verübeln kann: Wenn *Sie* aufwachen und feststellen würden, dass in Ihrem Wohnzimmer
drei Dutzend Autos stünden, gingen Sie doch auch gleich
wieder zu Bett, oder? Sehen Sie, und genau deshalb schlafen
auch die Löwen von Stukenbrock.

Es gibt doch tatsächlich Leute, die mit ihrem Fotoapparat
im Auto sitzen und darauf lauern, dass die Löwen sich
bewegen! Wer sich keinen mehrwöchigen Urlaub genommen hat und deshalb auf ein solches Wunder nicht warten
kann, sollte sich in einem der Souvenirläden des Safariparks
Postkarten kaufen. Auf denen sind durch geschickte
Fotomontagen wache Löwen zu sehen.

Die eigentliche Sensation im Safaripark sind allerdings auch
gar nicht die schlafenden Löwen, sondern vielmehr die wei-
ßen Tiger. Diese seltenen Edeltiere sind natürlich nicht im
staubigen Gehege der normalen Tiger untergebracht. Sie
wohnen exklusiv in einem orientalisch anmutenden „Palast-
gehege" mit byzantinischen Säulen, goldenen Kuppeln und
einem großen Foto an der Brüstung, damit sich die Besucher die Raubkatzen auch vorstellen können. Denn sehen
kann man die Tiger natürlich nicht. Die liegen tatenlos in
ihrem Palast – und schlafen.

Latüchte, die

Bedeutung: *Laterne, Lampe*

Anwendungsbeispiel: „Käar, was isses duster hiear, mama die Latüchte an!"

Da war also dieser römische Legionär, der irgendwie das Gemetzel der Varusschlacht heil überstanden hatte, sein Schwert gegen einen Pflug eintauschte und im nördlichen Osnabrücker Land eine nette und für ihre Zeit ungewöhnlich emanzipierte Bauerstochter zur Frau nahm. Als Eheleute führten die beiden fortan den Doppelnamen Maximus-Piepenbrink; ihre zwei Kinder nannten sie Flavius-Hinnerk und Frauke-Octavia.

Der elterliche Hof wurde zu klein, die Familie musste umziehen – aber wohin? *Sie* wollte nach Melle, *er* nach Mailand, der Kompromiss hieß Marienloh. Dort gründeten sie eine Lampion-Manufaktur, was sich langfristig leider als wirtschaftliche Fehlentscheidung erwies (Stichwort „das finstere Mittelalter"). So verliert sich die Spur der Maximus-Piepenbrinks trotz ihrer Laternen-Fabrikation im Dunkel der Geschichte …

Zugegeben, diese Begebenheit ist nicht in allen Details wissenschaftlich belegt. Allerdings erklärt sie schlüssig und befriedigend, wie sich eine sprachhistorische Kuriosität wie die „Latüchte" in Paderborn etablieren konnte – ist die Latüchte doch ein eigentümlicher Vokabelmix aus der lateinischen „laterna" und der plattdeutschen „Lüchte", also quasi Römisches Platt bzw. plattdeutsches Latein, wie es im Hause der

Maximus-Piepenbrinks gesprochen worden sein mag – oder auch nicht. Was kümmert uns die sprachgeschichtliche Entstehung des Wortes, wirklich wichtig für unseren Sprachkurs ist allein der heutige Gebrauch. Und da müssen Sie wissen, dass Sie mit „Latüchte" nicht nur die ursprünglich gemeinten Laternen und Leuchten bezeichnen können, sondern die unterschiedlichsten Lichtquellen: von der Fahrradlampe („Bisste lehmsmüde oder einfach nur unweis? Um halb siehm ahms Fahrrad fahren ohne Latüchte an – so wiarsse nich alt!") über den Autoscheinwerfer („Hömma, die linke Latüchte von deiner Nuckelpinne is inne Dutten!") bis zum kristallbehangenen Kronleuchter („Letztens ham wa eintach Schloss Neuhaus besucht – Junge, Junge, im Spiegelsaal hammse ganz nette Latüchten anna Decke baumeln.").

Wo Licht ist, sind auch Kurzschlüsse. Doch auch bei einem Blackout findet das Wort Anwendung – zum Beispiel nach dem Schützenfest: „Käar, gestean habbich aber ganz schön ein' inna Latüchte gehabt …"

Lektion 58

Pleete, die

Bedeutung: *Glatze*

Anwendungsbeispiel 1: Zeugnistag in der Grundschule Sande. Lehrer Homann meint tadelnd zum kleinen Leon: „Wenn dein Vater dein Zeugnis sieht, bekommt er sicher graue Haare." – „Oh, da wirta sich aber freun, dassa seine Pleete endlich los is."

Anwendungsbeispiel 2: Gerührt betrachtet Frau Auffenberg alte Familienfotos. Die kleine Lara schaut ihr dabei über die Schulter. „Wer is denn der Spinnewipp mit den Locken?" fragt sie ihre Mutter. „Aber Kind!" meint diese erstaunt. „Ja haste Woarte – erkenns du ihn denn nich? Das is doch Papa!" – „So …? Und wer is dann der Dicke mit der Pleete, der bei uns wohnt?"

Einige nennen sie bewundernd „Nacktkultur auf höchster Ebene", die anderen schlicht „Pleete" – die sich weit über den Schädel fortsetzende Stirn, die besonders Männer ab dem besten Alter aussehen lässt, als hätten sie sich mit dem Rasierapparat gekämmt. Wobei so manch männlichen Lockenpracht schon viel früher Ha(a)rakiri begeht: Der Autor dieser Zeilen zum Beispiel bekam schon im Jugendalter Geheimratsecken und sah bei der Abschlussfeier in der Schule drei Jahre älter aus als seine Klassenkameraden – was allerdings auch daran lag, dass er tatsächlich drei Jahre älter war als die anderen.

Die Pleete heißt Pleete, weil sie auf das griechische „platýs" zurückgeht, und das bedeutet „flach, eben, weit, ausgedehnt" – dem ist kaum noch etwas hinzuzufügen. Schon im Althochdeutschen bezeichnete die „platta" sowohl eine Platte als auch die Tonsur, die geschorene Stelle auf dem Scheitel der Mönche als Zeichen ihrer Zugehörigkeit zum Klerus. Wie auch die mittelalterlichen

Mönche, bei denen der kahle Kopf ein ehrenvolle Auszeich-
nung war (Novizen durften sich nur eine münzgroße Mini-
pleete scheren, während dem Papst nur ein schmaler Haar-
kranz über der Stirn stehen blieb), so ist auch heute die
Pleete nicht zwangsläufig negativ besetzt. Denn wer nichts
mehr auf dem Kopf hat, hat vielleicht umso mehr drin –
wie die Pleetenträger in den USA, die 1974 den Glatzköpfi-
genklub „Bald-Headed Men of America" gründeten. Mitglieder wie Schauspieler Yul Brynner, Kojak-Darsteller Telly
Savalas und US-Präsident Gerald Ford propagierten voller
Stolz das Klubmotto „Bald is bold" (wörtlich „kahl ist ver-
wegen/wagemutig", auf neudeutsch würde man wohl sagen
„kahl ist cool"). Sie wussten: Ein schönes Gesicht braucht
Platz, und der wirksamste Schutz gegen Haarausfall ist –
die Pleete …

Lektion 59

beschucken

Bedeutung: *(be)zahlen*

Anwendungsbeispiel: Der Wirt besteht darauf, dass Meyer
zu Bentrup sein Bier vor dem Ausschenken bezahlt. „Erst
schucken, dann schlucken! Du hass selbs gesacht, du trinkst,
um zu vagessen. Na also, wer trinkt, um zu vagessen, der
muss bei mir im voraus beschucken!"

Einige der Paderborner Begriffe aus unserem Kurs finden
sich auch in der Geheimsprache „Masematte". Dieser Jargon
kam ab 1890 bei sozialen Randgruppen im Münsterland auf.

Tagelöhner, Schausteller, fliegende Händler und Hausierer, aber auch Gauner und Kleinkriminelle benutzten Begriffe, die aus dem Jiddischen, dem Romani und der Gaunersprache Rotwelsch stammten. Der Sprachcode sollte die geschäftlichen Gespräche in der bürgerlichen Öffentlichkeit abhörsicher machen. Für alles, was verboten oder anrüchig war, fanden die Schlitzohren Ausdrücke, die außerhalb ihrer Zunft niemand verstand. Ein heute noch gebrauchter Begriff aus der Kategorie Verbotenes ist „vermackeln" für „Sachbeschädigung begehen". Ein Beispiel aus der Kategorie Anrüchiges sind die „Mauken" für Stinkefüße …

In den Seitengassen und Hinterhöfen wurden damals Geschäfte in „Schuck" abgewickelt – so der jiddische Ausdruck für die „Mark". Wer sein Geld unbedingt loswerden wollte, konnte schucken – nämlich (illegalerweise) um Geld spielen. Oder gleich einfach zahlen, weshalb das Verb auch für das Begleichen einer Rechnung verwendet wurde.

Zugegeben, der Begriff ist heute nicht mehr allzu gebräuchlich, aber es ist gut, ihn und seine Hintergründe zu kennen, um folgende Begebenheit aus der Paderborner Halbwelt um 1900 verstehen zu können. Zu dieser Zeit lebte nämlich der übel beleumundete Fritz Siemensmeyer in einem heruntergekommenen Kotten. So manchen Tag hatte er bereits in Bürgergewahrsam verbracht, weil er in einigen minderschweren Fällen Gekauftes nicht sogleich bezahlt hatte (um mal das Wort Diebstahl zu vermeiden). Und auch so manche Nacht war er „die hohe Treppe raufgekommen", d.h. ins alte Paderborner Gerichtsgefängnis, weil er nach Sperrstunde regelmäßig, vom Branntwein dudeldicke, unanständige Lieder grölend durch die Straßen und der Nachtschutzmann ihn daraufhin ebenso regelmäßig aus dem Verkehr zog. Da er die alternative Geldstrafe nie aufbringen konnte, hatte Siemensmeyer im Lauf der Zeit jede Zelle im Gefängnis von innen gesehen. Gegenüber einem Polizeiwachtmeister äußerte er sogar einmal – und meinte das durchaus ernst –, dass die Zellen im Vergleich zu seinem Zimmer ähnlich sparsam eingerichtet, dafür aber trocken und warm seien. Was ihm wegen Verhöhnung der Obrigkeit einen weiteren Tag in Gewahrsam einbrachte.

Nun sammelte damals ein Bürgerkomitee Spenden für den Bürgerverein. Als die Liste mit den zugesagten Spenden zurückkam, staunte der alte Nixdorf, seines Zeichens Vorsitzender des Komitees, nicht schlecht. Ausgerechnet Taugenichts Fritz Siemensmeyer hatte sich mit 75 Mark darin eingetragen – eine unerhört hohe Summe. Schon mit schlechter Vorahnung eilte er zu Siemensmeyer, um das Geld sogleich einzutreiben. „Ich bin hier, um deine zugesagte Spende zu kassieren!", kam er sofort zur Sache, „Und ich bin schon jetzt gespannt, wie du einen solchen Betrag bezahlen willst." Worauf Siemensmeyer antwortete: „Wat, betahlen? Nä, nä, von beschucken waa nie die Rede – ich will dat affsitten!"

Lektion 60

schrappen

Bedeutung: *1. kratzen, schaben, 2. Geld raffen*

Das Schrappen hat medizinische Wurzeln. Das Ursprungswort „schreffen" bezeichnete im Mittelalter ein Allheilverfahren der Ärzteschaft gegen leichtere Beschwerden, nämlich das Ritzen der Haut zu kleinerem Blutentzug – im Gegensatz zum kräftigen Aderlass, der bei ernsthaften Erkrankungen angewendet wurde und mit dem man erfolgreich verhinderte, dass der Patient an seiner Krankheit starb (nämlich indem man sicherstellte, dass er zuvor an Blutverlust starb …).

Aus dem „Schreffen" entwickelte sich sprachlich das „Schröpfen", das ursprünglich ebenfalls die systematische Blutentnahme bezeichnete. Erst mit der Erfindung des Finanzamtes wandelte sich die Bedeutung dieses Wortes vom „Blutsaugen" zum „Geld abnehmen"…

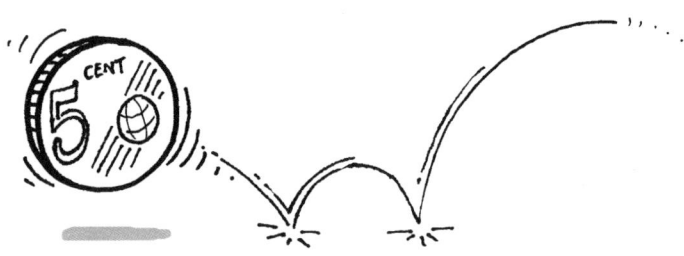

Die westfälische Sonderform „Schrappen" beinhaltet nun zum einen die Ausgangsbedeutung des Ritzens und Kratzens, wie zum Beispiel bei den Ausrufen „Ker, sonn Äagear aba auch, ich bin mit meim Auto annem Pömpel langgeschrappt!" oder auch „Chottochottochott, is schon halb zwölf duarch, und ich komm' nich inne Pötte mit meim Gemüseeintopf. Hilfse mir Möarn schrappen?"

Zum anderen drückt das Wort die unschöne Eigenschaft des zwanghaften Geldhortens und Nichtwiederrausrückenwollens aus: „Was is der olle Nölenkamp doch füarn kniepigen Schrapphals." – „Jau, das sach man. Nen ganz fuchsigen Schrappkopp is das!" An Karneval sieht man auch die Paderborner Kinder beim Rosenmontagsumzug „Bömsken schrappen", d.h. die Zahnkiller von der Straße lesen. Was wertvoll ist und des Hortens würdig, wird eben altersbedingt unterschiedlich beurteilt.

Ein weiteres Wort, dass auf das Schreffen zurückgeht, ist „schrebbeln". Wer ein Kratzen im Hals hat und mit heiserer und sich überschlagender Stimme spricht, der mag anderswo ein „Krächzer" sein, in Ostwestfalen ist er ein „Schrebbel". Ein solcher klingt ähnlich „schrebbelich" wie ein Gitarrist, der bei völligem Melodieverzicht auf seinem Instrument rumschrubbt, als sei es ein Waschbrett. Der Möchtegernmusiker mag es selber herrlich finden, wenn sein Sound so „richtich dearbe schrebbelt". Doch ist sein Lied eine akustische Zumutung, die außer ihm nun wirklich niemand hören will – mit Ausnahme von höchstens zehn Millionen Teenagern, die sofort die CD-Läden stürmen, um diese (nach Meinung der Eltern) „füachtaliche Schrebbelmusik" zu kaufen (wobei die Meinung der Eltern erheblich zum Verkaufserfolg beiträgt …)

Immerhin kann man die CD-Boxen im Winter zum Freikratzen vereister Scheiben zweckentfremden. Ob sich dazu eine Hardrock-CD von AC/DC besser eignet als eine Scheibe samtweichen Schmusepops von Julio Iglesias, ist nicht bewiesen. Es passt aber einfach besser, wenn man mit dem Geschrebbel schrappt – sprachlich gesehen bleibt es so jedenfalls in der Familie …

Die Ken-Methode

Ostwestfälisch als Fremdsprache erfreut sich immer größerer Beliebtheit. Das ist prinzipiell schön. Aber leider ist dadurch das Leistungsgefälle innerhalb dieses Sprachkurses recht hoch. Es gibt Leser, die bereits nach den wenigen Lektionen fließend Ostwestfälisch sprechen (»die mittezeit quatern könn' wie'n Gebüatigen«), und andere, die sich auch nach Lektüre der vorangegangenen 60 Lektionen noch recht schwer tun (»bei den' man ssobutz höat, dassse woannas wech sind.«).

Für alle Sprachschüler, denen das Vokabelpauken weniger liegt, haben wir einen Strategie parat, wie sie ihre lückenhaften Ostwestfälisch-Kenntnisse stante pe um ein Vielfaches erweitern können: die sogenannte Ken-Methode.

Die Ken-Methode ist ideal geeignet, um ohne großen Lernaufwand zu den ollen Strebern aufzuschließen: Hängen Sie einfach hinter jedes hochdeutsche Hauptwort die Endung »-ken« an. Durch diesen simplen Trick klingen Ihre Worte so ostwestfälisch, als hätten Sie schon als Kind auf dem Hof Ihrer Großeltern Kartoffeln aus der sandigen Senne-Erde ausgekriegt.

Und so einfach funktioniert die Ken-Methode: Aus dem Haus wird ein Häusken. Aus dem Pott wird ein Pöttken. Aus dem Wams ein Wämsken und dem Mettende ein

Mettendken. Aus dem ohnehin schon kleinen Pin wird ein noch kleineres Pinneken. Zur vertiefenden Übung essen Sie das eine oder andere Bütterken mit ein paar Häppken Fleischwurst und einem Stücksken Käse und trinken dazu einige Pülleken Paderborner.

Zugegeben, manchmal ändert sich die Bedeutung eines Wortes durch die Ken-Methode ein wenig. Dann wird aus einem lehmigen Klumpen ein cremiges Klümpken (Bonbon/Bömsken bzw. Zuckerstückchen), aus der Hucke (»Du kriss gleich die Hucke voll!« = den Rücken) wird das Hücksken (die Hocke) und aus der ehrwürdigen Großmutter ein kröckeliges Ömmaken.

Umgekehrt gibt es auch Worte, die man mit der Ken-Methode nicht verniedlichen kann. Selbst wenn ein pöbelnder Mob nur aus wenigen Personen besteht, und selbst wenn diese Unruhestifter eher spierig und schmächtig sind, ist es unangebracht, von »Gesöcksken« statt »Gesocks« zu sprechen.

Lernkontrolle

Hefte raus, Klassenarbeit! Jetzt wollen wir Ihr bisher erworbenes Ostwestfälisch-Wissen abfragen und überprüfen, wieviel aus den vorangegangenen Folgen in ihrem „Bregen" (Gehirn) hängengeblieben ist. Da im Bereich der Erwachsenen-Bildung ein hohes Maß an Eigenengagement erwartet werden kann, übernehmen Sie bitte Ihre Lernkontrolle selbst. Beantworten Sie dazu die folgenden Fragen und zählen Sie die Punkte Ihres Lösungsfavoriten zusammen (nicht mogeln!). Ihr Testergebnis lesen Sie dann auf der nächsten Seite.

Frage 1
Es klingelt an der Haustür. Offensichtlich ist Frau Kleinepöhler vom Einkaufen zurück. Was sagt Vater Kleinepöhler zu seinem Sohn?

a) „Jemand muss Deiner Mutter Einlass gewähren. Wärst Du so lieb?" *(0 Punkte)*

b) „Öffne Deina Mutta ma die Tüar!" *(5 Punkte)*

c) „Mama' Mama auf!" *(10 Punkte)*

Frage 2
Ihr Kollege stolpert im Büro über ein Kabel und muss mit angeschwollenem Knöchel in medizinische Behandlung. Sie übernehmen sein Telefon. Mit welchen Worten entschuldigen Sie sein Fehlen?

a) „Der ist leider derzeit außer Haus, da er einen Orthopäden aufsuchen muss." *(0 Punkte)*

b) „Der is justament außer Tüar raus, weila sich die Hacken vearknackst hat." *(5 Punkte)*

c) „Der hat sich ehm auffen Patt gemacht nachn Fußaazt hin." *(10 Punkte)*

Frage 3

Ein ausländischer Mitbürger hat noch Schwierigkeiten mit der deutschen Sprache. Wie wird ihm ein hilfsbereiter Paderborner Unterstützung anbieten?

a) „Ich – sprechen – langsam, – dann – Du – mich – verstehen, ja?" *(0 Punkte)*

b) „Ich werde mich bei der Stadt Paderborn dafür einsetzen, dass Ihnen ein Sprachkurs finanziert wird." *(-5 Punkte)*

c) „Das mit das Deutsche, da mach dich man nich bange vor, das läan ich dich schon." *(10 Punkte)*

Frage 4

Im St. Vincenz-Krankenhaus wurde ein Unfallopfer eingeliefert. Mit welchen Worten informiert der behandelnde Arzt die Verwandtschaft über den Gesundheitszustand des Verunglückten?

a) Wir mussten dem Patienten einen Arm und einen Fuß amputieren; Lebensgefahr besteht aber nicht mehr. *(0 Punkte)*

b) Getz hatter'n abben Aam und tritt inne Kuhle, aber ansonsten issa chanz chut beinander. *(10 Punkte)*

Frage 5

Ein Verkäufer bei Finke preist seine neue Gartenstuhlkollektion an. Mit welcher Formulierung hat er beim interessierten Ehepaar Clausmeyer die besten Verkaufschancen?

a) Diese repräsentativen Möbelstücke überzeugen durch ihre Langlebigkeit. Wir geben fünf Jahre Garantie! *(0 Punkte)*

b) Bei seuche voarstellige Möbeln is kein Vergang dran. Da könnse drauf an! *(10 Punkte)*

Frage 6

Aufregung im Paderborner Stadtrat: Der Bund erhöht die Solidarpakt-Umlage für den Aufbau Ost. Wie äußert sich ein Lokalpolitiker, der seine Wiederwahl anstrebt?

a) Ich zeige mich überrascht und empört. Diese Entscheidung trifft uns finanziell hart. *(0 Punkte)*

b) Oh Hearrscher, auch das noch - das geht ja *gaa*nich! So dearbe hamwas nu aunnich anne Puschen. *(10 Punkte)*

Frage 7

Im Deutschen Haus. Mit welchem Lob animieren Sie den Wirt zu einem Gratis-Schnaps?

a) Ihre Getreidespirituosen schmecken mir gut – die sind wirklich lecker. Davon dürfen Sie mir gerne nachschenken! Verraten Sie mir Ihre Bezugsquelle? *(0 Punkte)*

b) Wassen lecker Koarn – da kannze nix von sagen. Tu mich man noch ein'! Wo hasse den wech? *(10 Punkte)*

Frage 8

Welcher Satz ist bisweilen von ostwestfälische Eltern zu hören?

a) Auch wenn Kinder etwas Arbeit machen, so sind sie doch ein Quell ständiger Freude. *(0 Punkte)*

b) Was dömpkert denn da? Getz sach bloß, die Blagen ham sich'en Püffken gemacht! Das iss ja lehmsgefährlich! Und der Lütte kokelt mitte Stöcker da drin rum … *(10 Punkte)*

c) Ears duarche Matsche und dann mit die Drecksmauken übearn Pearser tapern – mitte Blagen hasse nix wie Brast! *(10 Punkte)*

d) Geh bei die Kadienen wech! Du solss die nich anpacken mit deine Futtfinger, du altes Fickel! – Kannsse nich

hörn? Du krisse gleich! – Naa waate, getzt gibts Pöterklatsche! *(10 Punkte)*

Frage 9
Es geht doch nichts über Klatsch und Tratsch! Welche der
beiden folgenden Charakterstudien ist konstruiert und welche ein O-Ton aus dem Riemekeviertel?

a) Irmgards Mann mag nicht der fleißigste sein, und er
   könnte auch ein wenig mehr auf sein Äußeres achten.
   Aber dafür ist er ihr immer treu gewesen, das muss man
   ihm lassen! *(0 Punkte)*
b) Iarmgaads Kall-Heinz? Watten drämeligen Schlonz-
   kopp das doch is – sonn' richtigen Schweinepuckel.
   Und das Schlimmste: Sonn' treun Schluffen, wie das
   der is, wiardse den ja nie wieder los …! *(10 Punkte)*

Frage 10
In einem Anfall maßloser Selbstüberschätzung hat Hobby-
Heimwerker Wippermann den Aufbau des neuen Ikea-
Regals zur Chefsache erklärt. Wie kommentiert Frau Wip-
permann seinen mehrstündigen Kampf mit der Bauanlei-
tung?

a) Es kann nicht jeder handwerklich begabt sein – ich liebe
   Dich auch so! *(0 Punkte)*
a) Kann es sein, dass dir die Montage des Regalsystems
   doch mehr Mühe bereitet als vermutet? Den ganzen
   Abend bastelst du jetzt schon daran herum – und es
   sieht immer noch aus wie frisch ausgepackt …
   (2 Punkte)
b) Bisse da immer noch mit dem Real zugange? Was kann
   man denn da 'nen ganzen Ahmd lang dran rumölen?
   Ich seh schon, du wirs da einfach nich Herr über…
   (10 Punkte)

Frage 11

Mit welchen Worten motivieren Paderborner Eltern ihren lernschwachen Nachwuchs zur zeitnahen Erledigung der Schularbeiten?

a) Hast du deine Mathematik-Hausaufgaben bereits erledigt? Na, dann beeile dich bitte damit. Mit deiner Intelligenz müsstest du das Klassenziel eigentlich locker erreichen. Dir fehlt es nur an der nötigen Konzentration … und am Ehrgeiz. *(0 Punkte)*

b) Hasse das Rechnen schon raus? Na, denn ma tau! Wenn du mit deiner Intellenz sitzen bleibs, bisse das selber in Schuld. Aber wiede da wieder rumdrämelst und am Fentern biss … da sieht man gleich, dassde keine Lusten hass. *(10 Punkte)*

Frage 12

Sie geraten in einen Streit um eine Parklücke. Schimpfworte werden Ihnen an den Kopf geworfen: „Dämelack! Mistkabel! Lausehund!" Offensichtlich haben Sie es bei der Gegenpartei mit einem Paderborner zu tun. Wie kontern Sie höflich aber bestimmt, um die Situation zu entschärfen?

a) Willse vorab erss noch eine getafelt kriegen oder soll ich dich sobutz verwemsen? *(-5 Punkte – Gewalt ist doch keine Lösung, Sie Grobian!)*

b) Ich verbitte mir diesen Ton. Sie sprechen mit einem Beamten des gehobenen Dienstes! *(0 Punkte)*

c) Denkense ja nich, wen se voar sich ham! Sonne Stoffels wie Sie ignorier ich nichma! *(15 Punkte)*

Auswertung der Lernkontrolle

-5 bis 0 Punkte:

Ochottochottochott ... Sie sind uns vielleicht'n Expearte!
Mit das Ostwestfälische, da kommse wohl noch nich so richtich mit zurande – selbs Leuchtturmwäater und Almsenner
sprechen besser ostwestfälisch als Sie. Dieser Test is inne
Wicken gegang'. Aber da machense sich man nicht bange
vor, wir learn Sie das noch. Sie müssen nuar ühm, ühm,
ühm.

1 bis 124 Punkte:

Immer feste gelaernt? Das soll da woll von komm'. Ihre
Punktzahl is gedenfalls 'n ganz voarstelliges Resolutat. Sie
könn sich als Neubürger an der Pader verständlich machen.
Wenn Sie jetzt noch in ein Schützenverein eintreten, ist Ihre
Integration in die Paderborner Bevölkerung abgeschlossen.

125 Punkte:

Ja geh mich einer los! Hunnattfümmunzwanzich Punkte –
das is Rekoart! Ein oantliches Eargebnis, auf dasse dearbe
stolz sein könn'! Bei Ihrm Ostwestfälisch wird selbss Bauer
Strathaus in Neuenbeken neidisch. Getz ma aarlich, Sie sind
ganich zugereist, Sie komm'duch hiear wech, oder?

… eine sich beömmelnde Tifte.

Vokabelverzeichnis

Wörterbuch
Umgangsostwestfälisch – Hochdeutsch

Vokabelverzeichnis /
Wörterbuch Umgangsostwestfälisch – Hochdeutsch

Die fettgedruckten Ziffern verweisen auf die Lektion, in der die Vokabel ausführlich behandelt wird, normal gedruckte auf eine oder mehrere Lektionen, in deren Verlauf die Vokabel vorkommt. T17 steht für Trick 17, Lk für die Lernkontrolle ab Seite 128 und E für das Ende auf der letzten Seite.

Ostwestfälisch	*Hochdeutsch*	*Lektion(en)*
abber Arm	amputierter Arm	Lk
ahlen	Wirtschaftsdünger ausbringen (meint: Jauche bzw. Gülle)	3
allerbest	optimal, große Klasse, ganz famos	44
anbölken	anblaffen, sich in Ton und Lautstärke vergreifen	7, 49
angeschickert	beschwipst, alkoholbedingt fröhlich	43
anne Ecke liegen	krank sein	44
aul	alt	24, 25, 33
ausbaldowern	über irgendwelche dunklen Kanäle in Erfahrung bringen, einen Plan aushecken	4, 41
auskriegen, Kartoffeln	der kargen Scholle mühsam die Erdfrüchte abringen, d.h. Kartoffeln ernten	T17
Awatt!	»Ach was!« im Sinne von »So ein Unsinn!«	46
ballern	1. zechen, 2. schießen (z.B. auf dem Bolzplatz), 3. knallen (z.B. mit Zisselmännken)	16, 43
bedötscht	benommen, angeschlagen, duselig	44
Bengel	Frechdachs, Lausejunge, Lümmel	1
beömmeln, sich	sich amüsieren, erheitert sein	13, 41, **42**
beschucken	(be-)zahlen	**59**
bestusst	grenzdebil	16
Blag	nervender Nachwuchs	**1**, 14, 27, 51, 54
Bollen	(Ober-)Schenkel	**5**
Bollerbuxe	zu weit geschnittene Hose	6
bollerich	unförmig, zu weit geschnitten / schroff, ungehobelt	4, **6**
Bölkhannes	Schreihals, auch: jähzorniger Mensch	26

137

----------- **Zu guter Letzt** -----------

Chutchehn!

Bedeutung: *Abschiedsgruß = „Möge es Ihnen gut gehen!" = „Alles Gute und auf Wiedersehen!"*

Anwendungsbeispiel: „So, lieber Leser, ich bin denn da duach mit den Dönekens hier. Ich hoffe, ich hab Sie oadentlich was geläant und Sie haben sich ab und an 'n bissken beömmeln könn'. Wenn Sie nich sonnen ganz Tranklötigen sind und immer fleißich ühm, könn' Sie mittezeit quatern, quasseln und quengeln wie'n Hiesigen. Also, denn ma' tüsker, bis die Tage und chutchehn!"